Ulla Sebastian

DIE HEIMLICHE GLEICHUNG

Ulla Sebastian

DIE HEIMLICHE GLEICHUNG:

Leiblichkeit

Sexualität und

Weiblichkeit

Alternativverlag für Wissenschaft, Literatur und Praxis

ISBN 3-925627-33-2

ÜBERSICHT

| I | EINLEITUNG | 7 |

II	DIE VERMITTLUNG DER HEIMLICHEN GLEICHUNG: LEBENSGESCHICHTLICHE ERFAHRUNGEN	17
1.	Erfahrungen der frühen Kindheit: Leiblichkeit und Weiblichkeit	17
2.	Die oedipale Konfliktsituation: Heterosexualität und Homoerotik	26
3.	Weibliche und männliche Lust	34

III	MENSCHLICHE GRUNDBEDINGUNGEN DER HEIMLICHEN GLEICHUNG	43
4.	Leiblichkeit, Sexualität und Tod	43
5.	Naturgewalt und Weiblichkeit	51

IV	KULTURELLE BEWÄLTIGUNGSFORMEN DER HEIMLICHEN GLEICHUNG	57
6.	Die patriarchal-bürgerliche Variante: Die Kontrolle der Natur, des Weibes, der Sexualität	57
7.	Die technologisch-rationale Variante: Die Abspaltung des Leibes, des Weibes, der Sexualität	70

V	INDIVIDUELLE BEWÄLTIGUNGSFORMEN DER HEIMLICHEN GLEICHUNG	77
8.	Weibliche Strategien: Zwischen Muttern und Weibchen	77
9.	Männliche Strategien: Zwischen Supermann und Softi	86

VI	DIE "UNHEIMLICHE" GLEICHUNG	91
10.	Magersucht: Der mißlungene Triumph des Geistes über das "gierige" Fleisch	91
11.	Gewalt gegen Frauen: Die gewalt(ät)ige Liebe, die gewalt(ät)ige Lust	111
12.	AIDS: Die Exkorporation der sündigen Lust	120

VII	DIE "ENTHEIMLICHUNG" DER GLEICHUNG	141
13.	Die Aneignung des Leibes	141
14.	Die Aneignung des Femininen	147
15.	Die Aneignung der Sexualität	155

| VIII | JENSEITS DER GLEICHUNG | 163 |

| LITERATURVERZEICHNIS | 171 |

I   EINLEITUNG

Die heimliche Gleichung von Leiblichkeit, Sexualität und Weiblichkeit hat eine lange, patriarchal bedingte Geschichte. Die sozio-ökonomischen Bedingungen der Zeitepochen haben ihr Gesicht geändert. Generationen haben sie über die Söhne und Töchter weitervermittelt. Männer und Frauen tragen sie in heimlichem Einverständnis.

Leiblichkeit und Weiblichkeit: nicht nur das Äußere der Begriffe ist ähnlich. Das Weib ist der Inbegriff des Sündigen, Körperlichen, die Verführung, das Ungezähmte, Unkontrollierbare, das Unersättliche, Verschlingende. Die darin liegende Gefahr wird gebannt durch die domestizierte Fraulichkeit: dem diskret zurückgezogenen Damenhaften, "entwaffneten" Potential des Weiblichen.

Der Leib ist die Quelle von Wonne und Qual, sinnlicher Lust und Schmerz, Gier und Verlangen, Versagung und Enttäuschung. Seine Dimensionen sind so überwältigend und erschreckend zugleich, daß wir es vorziehen, uns auf den neutraleren objekthaften Begriff des Körpers zurückzuziehen, der uns mehr Distanz zu seiner Unersättlichkeit und spontanen Erregbarkeit gestattet. Als Körper können wir den Leib beherrschen, ihn unserem Geiste untertan machen.

Sexuelle Energie ist Lebensenergie, vitale Kraft, die sich an die Welt verströmt, sie kreativ gestaltet und formt. Von ihrem Ursprung her ist sie Teil des kosmischen Bewußtseins, geistige Kraft, spirituelle Energie, die sich als sexuelle Energie in den vegetativen Prozessen des Leibes verkörpert. Als solche schließt sie uns an unser animalisches Erbe an.

Sexualität ist das Medium, in dem die Geschlechter sich unverhüllt begegnen. In der Nacktheit menschlichen Beisammenseins läßt sich schwerer lügen als in den konventionellen Häuten von Hosen und Hemden, Röcken und Blusen, die wir den nackten überstreifen, um unsere wahre Identität zu verbergen.

Im Orgasmus lösen sich die eigenen individuellen Grenzen auf. Die Vernunft überläßt sich den spontanen

Reaktionen des Leibes. In der Vereinigung zweier Körper, in der Begegnung zweier Zentren entsteht neues Leben, verdichtet sich Tod und Leben, Sterben und Wiedergeburt zu der existenziellen Grunderfahrung des Menschen.

Dieser tieferen Bedeutung des Weibes, des Leibes, der Sexualität sind wir uns oft nicht mehr bewußt. So klingen diese Ausführungen wie ein Mythos vergangener Zeit, fremd und befremdend, manchem erstrebenswert, manchem beängstigend. Sie entlocken uns ein ironisches Lächeln, wenn wir an unsere tagtäglichen Erfahrungen denken.

Die Bedrohungen unserer geschätzten Vernunft, die vom Leibe, der Sexualität und dem Weibe ausgehen, hat uns deren Kraft in die Katakomben des Unbewußten verbannen lassen, in denen sie manchmal - zu unserem Erschrecken - ihre Knochen schütteln. Doch meist drängen ihre Abkömmlinge so verzerrt ans Tageslicht, daß wir sie nicht mehr erkennen.

Die hier diskutierte Gleichung wird heimlich vollzogen. Die kulturellen Muster, die ihren Inhalt bestimmen und das Geschlechterverhältnis prägen, werden über die Monopolstellung der Frau als Muttter unbegriffen seit Jahrtausenden an die Söhne und Töchter weitergegeben. Ihre "Heimlichkeit" macht ihre Wirksamkeit aus. Zugleich erschwert es die Bewußtwerdung und Vermittlung solcher Zusammenhänge, die sich dem alltäglichen durchschnittlichen Bewußtsein entziehen und Widerspruch entfachen.

Dies wurde deutlich im ungläubigen, vehementen Widerstand der Freunde, Bekannten, Studenten, mit denen ich Teile dieses Textes diskutiert und erarbeitet habe. Psychoanalytische Betrachtungen erfüllen viele ob ihrer empirischen Unbeweisbarkeit mit Grausen, Ablehnung und Widerstand. Sie entziehen sich der Quantifizierbarkeit. Sie sprechen das intuitive Wissen und Spüren von Zusammenhängen an. Ihre Logik wurzelt in der qualitativen Analyse menschlicher Lebensschicksale, ihrer inneren Dynamik, die das Relief der Oberfläche gestaltet, nicht im Vergleich der Reliefs selber. Ihr Interesse zielt auf das Verständnis der Motive und Wünsche, der Prozesse langsamer Veränderungen und der Eruptionen, die dem äußeren Bild Gestalt verleihen, nicht auf die Gestalt selber.

Die Erfassung der Welt von außen: die Messung der Reliefs selber kann die inneren Zusammenhänge nicht belegen. Ihr entgeht die Dimension der Tiefe, aus der das wahre Selbst des Menschen, seine Seele an die Oberfläche und zum Ausdruck drängt.

In der Diskussion, in der Bearbeitung dieser Thesen zeigte sich, daß die reflexive Aneignung eigener Erfahrungen einen Zugang zu den Thesen eröffnete, Verständnis weckte und sie bestätigte. Dieser Weg bleibt dem Leser nicht erspart.

Es liegt in der Natur allgemeiner Darstellungen, daß sich genügend Beispiele aus dem privaten Bekanntenkreis wie dem öffentlichen Leben finden lassen, die die allgemeinen Aussagen widerlegen. Doch zeigt sich in der Regel bei näherem Hinsehen, daß gerade die Bedeutung, die diesen Beispielen zugemessen wird, ihren Ausnahmecharakter belegt und damit die Allgemeingültigkeit der hier vertretenen Thesen bezeugt.

Eine Analyse, die die subtil unterschiedlichen Auswirkungen der heimlichen Gleichung von Leiblichkeit, Sexualität und Weiblichkeit zum Thema hat, basiert notwendig auf Wiederholungen der Grundtatbestände. Aus ihnen leiten sich die andersartigen Bewältigungsformen ab, über die Männer und Frauen verfügen. Entgegen dem oberflächlichen Eindruck ist die Erfassung dieser komplexen Zusammenhänge schwieriger als es zunächst scheint. Von daher habe ich es vorgezogen, die Grundtatbestände lieber einmal zu viel als einmal zu wenig zu nennen. Ich bitte den Leser, der abstrakte Zusammenhänge rasch erfaßt, um Nachsicht.

Ich habe mich bemüht, die Vielfalt der Erscheinungen zu berücksichtigen, indem ich in den ersten beiden Kapiteln (II und III) die Grundtatbestände skizziere, die die heimliche Gleichung bestimmen: die lebensgeschichtlichen und existenziellen Bedingungen unseres allgemeinen und je individuellen Menschseins. In den Kapiteln IV und V diskutiere ich die Variationsbreite kultureller wie individueller Bewältigungsformen, die jedoch am Grundverhältnis nicht rüttelt. Ich beschränke mich auf die Aspekte, die im derzeitigen gesellschaftlichen Leben Bedeutung haben und soziale, kulturelle und individuelle

Strategien formen und beeinflussen. Christliche Mythologie findet sich heute ungebrochen neben bürgerlichen und technologisch-rationalen Werten. Auch wenn sie ursprünglich verschiedenen Zeitepochen entstammen, verknüpfen sie sich in den individuellen Lebensschicksalen zu unterschiedlichen Mustern.

Anhand dreier Beispiele: Magersucht, Gewalt gegen Frauen und AIDS erörtere ich im VI. Kapitel Auswirkungen, die die die weibliche Dominanz in der Kindheit für viele von uns hat: als scheinbar individuelles Jugendschicksal (Magersucht), als Beziehungsproblem (Gewalt), als kollektive Bedrohung (AIDS).

Das VII. Kapitel schließt den Kreis. Es greift die Grundtatbestände auf, die die heimliche Gleichung bestimmen und verweist auf Befreiungspotentiale jenseits der individuellen und sozialen Dimension: die kulturelle Transformation, die der Evolution des Bewußtseins entspringen kann (Kap. VIII).

In der Abhandlung habe ich mich auf wenig Literatur beschränkt, die ich hier nennen will, um dem Leser eine tiefere Auseinandersetzung mit den angesprochenen Themenbereichen zu ermöglichen.

In den Kapiteln II und III verarbeite ich die Ergebnisse und Thesen von Chodorow und Dinnerstein. Chodorow setzt sich detailliert mit dem "Erbe der Mütter" auseinander. Dinnerstein untersucht in engagierter, brillianter und plastischer Weise das Arrangement der Geschlechter.

Die Kapitel III, IV, VII und VIII basieren auf Auseinandersetzungen und Reflexionen des dreibändigen Werkes: Wege zum Leben. Im 1. Band geht es um die Analyse der Bedingungen, unter denen wir unsere subjektive Erlebniswelt historisch und individuell gestalten. Der 2. Band behandelt Verkümmerungen unserer Erlebniswelt, ihre jeweiligen kulturellen und biographischen Hintergründe und ihren Niederschlag in bestimmten Krankheiten. Der 3. Band zeigt Wege auf, mit deren Hilfe wir die Verkümmerungen erkennen, aufbrechen und unser Leben befriedigend gestalten können. Dort findet der an den Thesen dieses Buches interessierte Leser zahlreiche Beispiele, Hintergründe und Literaturhinweise.

Der Abschnitt über Magersucht basiert auf den Standardwerken von Bruch und Selvini Palazzoli und den Analysen von Gast und Wilm/Würker, die die Magersucht in den gesellschaftlichen Zusammenhang von patriarchalen Strukturen und Körperfeindlichkeit einordnen. Beim Abschnitt Gewalt gegen Frauen hat mich Brückners "Liebe der Frauen" sehr angeregt. Beim Thema AIDS bin ich der soliden sozialwissenschaftlichen Analyse von Rühmann gefolgt.

Um dem Leser einen Zugang zu den einzelnen Abschnitten zu eröffnen und den roten Faden der Diskussion zu verdeutlichen, stelle ich die Leitthemen der einzelnen Abschnitte in ihrem Gesamtzusammenhang dar.

- Unser Grundverhältnis zur Welt wird über die sinnlich- emotionalen Erfahrungen, die sich am Leibe der Mutter formen, geprägt (A.1) und

- in der oedipalen Konfliktsituation geschlechtsspezifisch geschieden. Töchter verbleiben in der prä-oedipalen Beziehung zur Mutter, während Söhne sich der allmächtigen Mutter durch die Hinwendung zur Männerwelt entziehen, wo sie die mütterliche Gefahr durch gemeinschaftlichen Besitz und die Kontrolle von Frauen bannen (A. 2)

- die Unbegrenztheit, die Impulsivität des weiblichen Leibes, die den Mann gefährdet, dämmt die Frau ein als Beruhigung für ihn und als Opfer an die Mutter, mit der sie so die homoerotische Beziehung aufrechterhält. Dafür kann er sich für ihre mütterliche Allmacht entschädigen, indem er sie seiner Lust unterwirft (A. 3)

- Die heimliche Gleichung von Leiblichkeit, Sexualität und Weiblichkeit greift jedoch viel tiefer zurück als in die Phase der frühen Kindheit. Sie berührt die Grundfragen des Menschen nach seiner individuellen Existenz, die durch Geburt und Tod, durch die Sterblichkeit des Leibes begrenzt ist (A. 4)

- In der mystischen Darstellung als Herrscherin über Leben und Tod verbindet sich ihre Allmacht mit den

Schrecken der Naturgewalten. Der Mann unterwirft sich beide (A. 3).

Die heimliche Gleichung hat das gesellschaftliche Leben über Jahrtausende geprägt, doch hat sie in den jeweiligen historischen Epochen besondere Konturen erhalten, in der das Leiblich-Weiblich-Sexuelle aufgeteilt, kontrolliert und neutralisiert wurde.

→ In der bürgerlich-patriarchalen Variante wird das Sündig-Leiblich-Weibliche aufgeteilt in die romantische Liebe und die sündige Lust, in die reine obere und die verwerfliche untere Hälfte des Leibes, in die reine Jungfrau und die sündige Eva. Die "dunklen" Seiten werden ins Unbewußte abgeschoben und an die Frau delegiert, deren Bedrohlichkeit durch die kontrollierenden Fesseln des Haushaltes gebannt wird. Als keusche, sittliche Ehefrau und Mutter entfaltet sie dort ihre Allmacht zum Ausgleich für ihre gesellschaftliche Ohnmacht, für die sie ihre heimliche Zustimmung gibt (A.6)

- In unserer technologisch-rationalen Kultur wird unter dem Mantel der Liberalisierung die Gefährlichkeit des Sündig-Leiblich-Weiblichen über Abspaltung neutralisiert. Der Leib wird zum beherrschbaren Körper, das Weib zur asexuellen Schwester, die Sexualität zur Reizstimulation umfunktioniert. Doch mit dem Verlsut der tiefen emotionalen und geistigen Gefühle verliert sich auch der Mensch als Zentrum seines Schaffens (A. 7)

- Die unterschiedlichen Varianten prägen zusammen mit den lebensgeschichtlichen Erfahrungen die weiblichen und männlichen Lebensstrategien aus: die Mütterlichkeit, das Weibchen, das sexuelle Neutrum Karrierefrau oder die schwesterliche Verbündete (A.8)

- in männlicher Variante den Supermann, den pflichtbewußten Hausherrn und sein Schreckensbild: den Pantoffelhelden oder den Softi; Strategien, die dazu dienen, der mütterlichen Allmacht zu entfliehen (A. 9)

In ihren extremen Varianten wird die Gleichung zur "unheimlichen" Gleichung, in der die Totalität der Lebensstrategien in ihrer Destruktivität auch das tödliche Risiko einschließt.

- In der Magersucht wird der Leib zum Austragungsort der Identitätsfindung zwischen mütterlichen und gesellschaftlichen Anforderungen. Im Kampf gegen den Leib wehrt die Tochter die Allmacht der Mutter ab, die mit ihrem Leibe identifiziert ist und zerstört sich in der Zerstörung der Mutter in ihr selber. Im Griff nach dem Männlich-Rationalen, im Triumph des Geistes über das Fleisch verweigert sie sich der gesellschaftlichen Fremdbestimmung als Frau, doch kann diese Art der Verweigerung für sie tödlich enden (A. 1o)

- Die mißhandelte Frau wehrt ihre Wut und ihren Haß gegen die Mutter ab, indem sie sich mit ihrer Allmacht identifiziert, die Mutter also in der Aufopferungsbereitschaft "weiblich" überwindet. Der Mann rächt sich für seine Unterwerfung unter die mütterliche Allmacht, indem er sich ihren Leib aneignet, schändet, als Ware mißbraucht. Sie trägt dazu bei, indem sie sich schweigend zerstören läßt (A. 11)

- In der Verbindung von Homosexualität und Tod rührt AIDS tiefsitzenden Schuldgefühle an, die Ausdruck des patriarchalen Umgangs mit Leiblichkeit, Sexualität und Weiblichkeit sind. Mit der sexuellen Hinwendung Homosexueller zum eigenen Geschlecht besteht "Ansteckungsgefahr": Die Gefahr des Durchbruchs eigener homoerotischer Neigungen und männlicher Freiheitsgelüste. Die Verweigerung der männlichen Solidargemeinschaft, die auf dem Besitz und der Kontrolle von Frauen basiert, durch die Homosexuellen sowie ihre Sexualpraktiken bringen sie in die Nähe des sexuell unmäßigen Weiblichen, was die göttliche Strafe auf den Plan ruft, die sich gegen den Leib richtet. In dieser patriarchalen Wendung wird übersehen, daß AIDS Ausdruck des technologisch-rationalen Verhältnisses zum Leibe ist, nicht göttliches Gericht (A. 13)

Die Auflösung dieses Geschlechterarrangements kann uns nur gelingen, wenn wir uns mit dem Leibe, dem Femininen, der Sexualität in ihrer positiven Kraft verbinden, wenn wir

- den Leib als Partner anerkennen, der uns den Zugang zu den Quellen ursprünglicher Lust, Freude und Gesundheit ermöglicht (A. 13)

- das Weibliche, das Feminine als die Kraft erkennen, die in Verbindung und Durchdringung mit dem Maskulinen beiden Geschlechtern ein autonomes, selbstbestimmtes, erfülltes Leben ermöglicht. Dazu müssen Frauen ihre geistige Kapazität entwickeln und nutzen, sich verabschieden von den Strategien der Hilflosigkeit, der "weiblichen Dummheit", Selbstlosigkeit oder Aufopferung und die symbiotische Beziehung zur Mutter aufgeben. Männer müssen sich dem Labyrinth ihrer Gefühle stellen, um diese nicht weiterhin projektiv am weiblichen Geschlecht zu bekämpfen (A. 14)

- Erst dann können wir in der gleichberechtigten Begegnung der Geschlechter uns in der Sexualität die Kraftquelle erschließen, die sie ursprünglich und im tiefsten Sinne ist (A. 15)

- Ohne eigenes menschliches Wachstum, in dem wir die Stufen des Entwicklungszyklus hin zu autonomen, verantwortlichen Menschen durchschreiten, können wir die kulturellen Prägungen nicht überwinden. Unsere Verantwortung liegt darin, uns die innere Macht zurückzuerobern, die wir an die Welt der Materie delegiert haben und zum Schöpfer unseres eigenen Schicksals und unserer Welt zu werden. Diese Macht können wir uns aneignen, wenn wir die Opfer-Mentalität, in der wir mehr oder weniger gefangen sind, überwinden, indem wir den "Verhältnissen" vergeben, daß wir zu dem geworden sind, was wir sind. In der Erkenntnis unseres wahren Selbstes begreifen wir unsere wahre Identität: Ebenbild Gottes zu sein (Kap. VIII)

Der Weg zu dieser Erkenntnis ist mühsam, führt durch Irrgärten, landet in Sackgassen. Die unerfüllte Sehnsucht nach der eigenen wahren Natur ist für viele der Motor, der sie trotz aller Niederlagen vorantreibt.

Meine Suche habe ich in dem Buch "Der Weg zu Dir" dargestellt. Verschiedene Etappen auf diesem Weg sind in allgemeiner Form in dieses Manuskript eingegangen: der weibliche Kampf mit der Nahrung; das Versagen des Immunsystems im Dienste professioneller Leistungsfähigkeit; versuchte Vergewaltigungen und Auseinandersetzungen mit männlicher Gewalt in der zehnjährigen Arbeit in einem Frauenhaus. Solche

Erfahrungen sind Teil weiblicher Lebenszusammenhänge, der Suche nach neuen Identitäten, die wir nur finden können, wenn wir uns den eigenen Irrwegen ehrlich stellen und aus ihnen lernen.

Wenn wir auf diesem Weg voranschreiten, finden wir Begleiter, die uns weiterhelfen, und ohne sie hätte ich dieses Buch nicht schreiben können.

- Ohne die Frauen, die mir halfen, diese Zusammenhänge zu verstehen, von deren Analysen ich gelernt habe, die hier genannten Autorinnen Dorothy Dinnerstein, Nancy Chodorow, Margrit Brückner und Eva Pierrakos

- Ohne die Frauen und Männer, mit denen ich diese Zusammenhänge diskutiert habe, derer zu viele sind als daß ich sie alle nennen könnte, doch möchte ich erwähnen Maren Dietz, Annette Fink, Brigitte Groß, Peter Surkemper, Barbara Weber und Harald Wirbals

- Und ohne den Mann, Ludger, der mir diese Zusammenhänge sinnlich erfahrbar machte. An ihm entzündeten sich die frühen archaischen Gefühle von Ohnmacht, Wut, Haß und Eifersucht, aber auch grenzenloser Begeisterung, Andacht, Liebe und Bewunderung. Daß er diese Gefühle annehmen konnte, ohne sich darin verwickeln zu lassen, sodaß sie erfahrbar und damit verarbeitbar wurden: dafür gebührt ihm mein besonderer Dank.

II DIE VERMITTLUNG DER HEIMLICHEN GLEICHUNG: LEBENSGESCHICHTLICHE ERFAHRUNGEN

1. Erfahrungen der frühen Kindheit: Leiblichkeit und Weiblichkeit

Die Frau als Mutter ist die Person, durch die als erste sich die Einstellung zum Leib formt. Sie ist der Berührungspunkt mit der Natur, der Welt, dem Außen. Sie gewährt Lust und körperliches Behagen, gibt Nahrung, schafft Sättigung, ruft aber auch die ersten Enttäuschungen und Schmerzen hervor.

Die Mutter prägt das Grundverhältnis zur Welt durch die Qualität des Kontaktes. Die Art, wie sie den Säugling hält, ihre Fähigkeit, sich auf seine Bedürfnisse einzustellen, lassen diese Welt freundlich oder abweisend erscheinen. Sie laden ein, sie neugierig zu erforschen oder sich erschrocken von ihr abzuwenden. Sie schaffen Urvertrauen oder Urmißtrauen gegenüber diesem Erdendasein, das die Mutter zu Anfang repräsentiert.

Die Haut der Mutter ist das erste sichere Ufer, an dem das Neugeborene sich von den Schrecken der Geburt erholen, wo es Wärme, Beruhigung und Schutz erfahren kann. An ihrer Brust wird es vom nagenden Hunger erlöst. In ihre Arme kann es sich vor Unbehagen, Bedrohung und undenkbaren Ängsten flüchten. Ihr Wiegen gibt ihm Sicherheit. Mit ihrer Stütze beginnt es, sich im Raum zu orientieren, seinen Gleichgewichtssinn zu entwickeln. Ihre Hände säubern und cremen seinen leicht verwundbaren Po. Ihre Augen sind der Spiegel, in dem es sich selber wiederfinden, gestalten, differenzieren kann. In ihrer Mimik, ihrem Lächeln entdeckt es ein Gegenüber, erprobt es zum ersten Mal menschliche Kommunikation, erfährt es Resonanz. Ihre Stimme ist das erste Lautgemälde, das ihm antwortet, es besänftigt und in den Schlaf wiegt. Ihr Geruch unterscheidet sie von anderen, macht sie zu seiner (einzigen) Mutter. Sie ist da, wenn es sich ängstigt, langweilt, Gesellschaft sucht. Sie versorgt es mit all den spannenden Dingen, die man anschauen, schmecken, berühren, riechen und hören kann. Auf ihren Armen lernt es, sie und sich zu "begreifen", indem es ihre Nase, seine Nase, ihren Mund, seinen Mund faßt und tastend und schauend beginnt, sich von ihr, die zunächst ganz eins mit ihm, Teil seiner Welt ist, zu unterscheiden.

Im körperlichenAustausch mit der Mutter prägt der Mensch so sein " sinnliches", d.h. über die Sinne vermitteltes Verhältnis zur Welt aus. Über seine Sinne und mithilfe der Vermittlerrolle der Mutter be"greift" er das "unfaßbare" Außen, das er zunächst als ungeschieden von ihm und ihr, als Teil seiner Existenz erfährt. Im körperlichen Austausch mit ihr und in der Differenzierung von ihr entwickelt er den inneren Kern des Selbst, das Zentrum seiner Persönlichkeit, seiner Individualität. Dieses Zentrum ist in seinen Ursprüngen und in seinem Kern ein leibliches. Diese Tatsache hat weitreichende Folgerungen, wie ich in den nächsten Abschnitten noch zeigen werde.

Die sinnlichen, über die Sinne vermittelten Erfahrungen, die dem lebenswichtigen Austausch von Gefühlen zwischen Säugling und Mutter entspringen, sind präverbal. Sie entstammen einer lebensgeschichtlichen Epoche, die dem denkenden Bewußtsein noch nicht zugänglich ist. Doch werden die Erfahrungen dem Leibe einprogrammiert.

Die Empfindungen sind zunächst diffuse Gefühle des Unbehagens und Unwohlseins, von Lust und Schmerz, Liebe und Furcht. Lust bedeutet die Ausdehnung des Körpers, Liebe die Ausweitung der Seele, Schmerz die Kontraktion der Muskeln, Furcht der Rückzug nach innen. Ausdehnung und Kontraktion sind die körperlichen Grundfunktionen der Pulsation, Lust und Schmerz seine sinnlichen, Liebe und Furcht seine emotionalen Komponenten. Erst dadurch, daß die Mutter auf die Bedürfnisse eingeht, lernt das Kind die verwirrende Vielfalt seiner körperlichen Reaktionen zu unterscheiden.

Die noch komplexeren Gefühle wie Liebe, Furcht, Trauer, Freude, Wut usw. differenzieren sich erst im Verlaufe der psychischen Entwicklung aus den Erfahrungen von Lust und Schmerz im Kontakt mit der Mutter heraus. Erst im Zuge der Reifung der Ich-Funktionen lernt der

Mensch, Körperlichkeit und Emotionalität zu trennen. Aufgrund ihres gemeinsamen Ursprungs bleiben Leiblichkeit und die Gefühlswelt jedoch untrennbar miteinander verbunden

Ihre Wirksamkeit leitet sich nicht zuletzt aus diesem Ursprung her. Die sinnlich-emotionalen Erfahrungen bestimmen die Bedürfnisstruktur und die Handlungen des Menschen, auch wenn die Menschen sich aufgrund der Abspaltung leiblicher Prozesse (vgl. A. 7) dieser Motive nur selten noch bewußt sind. In der Umgangssprache, in der Poesie scheinen diese Erfahrungen auf: wenn wir "ergriffen" werden von Gefühlen, wenn wir die Welt "erfassen", den anderen nicht "begreifen", den Partner nicht mehr "riechen" können, uns die Arbeit nicht mehr "schmeckt".

Eher unbegriffen prägen unsere sinnlich-emotionalen Erfahrungen den Bedeutungsgehalt unserer Sprache. Sie führen zu Verzerrungen und Mißverständnissen, wenn Wörter wie Liebe, Mutter, Heimat ganz andere gefühlsmäßige Nuancen in einzelnen Menschen erwecken, je nachdem, welche konkreten Erfahrungen, Wünsche und Bedürfnisse sich mit solchen Worten verbinden. Die sinnlichen Erfahrungen weisen neutralen Gegenständen, Wesen und Situationen eine Bedeutung zu, die diese in eine subjektive Wirklichkeit einbinden. So kann Frau für den einen das Geschlecht bezeichnen, für den anderen einen besonderen Wert darstellen: die Frau. Für ihn ist nicht jede Frau es wert, Frau genannt zu werden.

Die Erfahrungen fügen sich zu einem semantischen Strom, in dem die Erinnerung an vorangegangene Bedeutungen die Richtung und den Niederschlag bestimmen, den der Gebrauch solch eines Wortes in uns auslöst. Doch genau dieser Wellenschlag ist über Worte schwer vermittelbar, denn diese sinnlich-emotionalen Qualitäten werden zu einem Zeitpunkt geprägt, zu dem wir die Welt nicht über Begriffe, sondern "Eindrücke" erfassen: über das, was sich unserem Leibe eindrückt. Diese "Eindrücke" können wir folglich nur über die Sprache des Leibes "ausdrücken".

Die Intensität der Gefühle, die mit dem Leibe als Medium der Erfahrung verbunden ist, wird mit dem medizinisch-anatomisch neutraleren Begriff des Körpers aus dem Erfahrungszusammenhang ausgeklammert. Die Sprachlosigkeit wird im Film "Harald und Maude" durch die "Sinnesmaschine", einem technischen Medium symbolisiert, mit dem Maude - bezeichnenderweise und nicht zufällig die weise, großmütterliche Frau - den jungen Mann in die Geheimnisse der sinnlich erfahrbaren Welt zurückführt.

Der Gassenjargon, mit dem wir die geschlechtliche Begegnung, die männliche "Zierde" und die weibliche "Pforte" belegen, erinnert eher an Bergwerke (hämmmern, nageln, bumsen, schlagen) als an erotisches Liebesspiel. Die bilderreiche Sprache der "Geschichten aus 1001 Nacht", die poetische Sprache japanischer und chinesischer Liebeskunst befremdet uns. Liebevolle Namen für die Geschlechtsteile der Kinder zu finden wird zu einer echten Aufgabe.

Aus der präverbalen Prägung sinnlich- emotionaler Qualitäten stammt der eine Grund dafür, daß wir sie aus unserem Lebenszusammenhang ausklammern. Der andere Grund liegt darin, daß diese Erfahrungen in der Beziehung zu einer Frau: der Mutter geformt werden. In der existenziellen Angewiesenheit des Säuglings auf die Mutter als Lebensspenderin wird sie für ihn zu einer allmächtigen Figur, die über Leben und Tod verfügt. In der Verschmelzung mit ihr erfährt der Säugling das Paradies der Ur-Harmonie, aber auch die Abhängigkeit von einem gütigen Spender, einem Außen, von dem er im Verlaufe seiner Entwicklung erkennen muß, daß sich dieses Außen seinem Einfluß entzieht, um das er werben kann, dessen Willen er sich unterwerfen muß.

Das Bewußtsein dieser Abhängigkeit entsteht zu einem Zeitpunkt, wenn die absolute Abhängigkeit der ersten Lebensmonate schwindet. Mit der beginnenden Differenzierung des eigenen Selbst von der Mutter kann das Kind erkennen, daß die Mutter eigene Interessen verfolgt, daß seine Liebe zu ihr, die unersetzlich ist, nicht in derselben Weise von ihr geteilt wird. Sie kann ihn durch ein anderes Kind, durch andere Menschen, andere Aktivitäten austauschen.

Diese Erkenntnis verletzt die primäre, allumfassende Liebe des Säuglings zu seiner Mutter. Sie zwingt zur Auseinandersetzung mit der Realität, führt zu Frustration, Ambivalenz, Angst. Jedes Kind ist genötigt, mit dieser grundlegenden Asymmetrie der kindlichen und mütterlichen Liebe fertig zu werden, mit der darin liegenden Ohnmacht, den Gefühlen der Hilflosigkeit und Abhängigkeit, dem Haß auf die Person, die doch zugleich auch die Erfüllung der tiefsten Sehnsucht, das Paradies, die Ur-Harmonie verspricht. Der Umgang mit diesen widersprüchlichen Impulsen bildet die grundlegende psychische Struktur, die weit über die Phase hinaus wirksam bleibt, in der sie als notwendig erlebt wurde.

Zu den Kränkungen, die in der Asymmetrie der kindlichen und mütterlichen Liebe angelegt sind, treten die Kränkungen hinzu, die dem Autonomiebedürfnis des Kindes enspringen, wenn es anfängt, über Krabbeln und Laufen sich die Umwelt zu erobern. Es muß mit ansehen, daß zwischen seinem eigenen Willen und seinen Möglichkeiten, seine Umwelt zu bemeistern, ein erhebliches Gefälle besteht, das erst mit der Reifung der Motorik und nach monatelangem Training des Fallens und Sicherhebens, dem zahllosen Ertragen von Püffen und Schrammen sich aufzulösen beginnt. Es muß erdulden, daß ein bewußter, zielgerichteter Wille die eigenen Absichten durchkreuzen und vereiteln kann. Die motorische wie soziale mütterliche Begrenzung der eigenen Aktivität verwandelt den Körper zu einem Medium demütigender Erfahrung, die Mutter zu einer beschämenden Zeugin eigener Niederlagen.

"Weiblicher Wille repräsentiert für uns alle den Willen jener menschlichen Präsenz, in deren Gefühlswelt die frühesten, tiefsten Niederlagen unseres eigenen Willens sich niedergeschlagen haben". (Dinnerstein, 1979, S. 214)

Zugleich ist die Frau aber eine Person, die dem Wachstum Nahrung gibt, erfolgreiche Versuche des Kindes, Eigenständigkeit zu erlangen, bejubelt und beklatscht, bei der sich das Kind Hilfe und Unterstützung holen kann, wenn es an dem passiven Widerstand der Dingwelt kläglich gescheitert ist. So wird die Frau zur Zeugin der Schmach wie zur Verbündeten im Kampf um die eigene Autonomie.

Um sich selber als getrenntes Individuum zu begreifen, muß sich das Kind innerlich differenzieren und der Welt der Mutter die eigene entgegensetzen. Die Mutter kann die eigenständigen Bestrebungen des Kindes eingrenzen, brechen, beschämen, demütigen oder sie kann das Kind ins Leere laufen lassen. Sie kann ihm damit einen wertlosen Sieg bescheren, indem sie sich als Gegenüber, als "Du", an dem das "Ich" sich nur gestalten kann, verweigert. Die Aufgabe, die das Kind bewältigen muß, ist eine zwiespältige: einerseits muß es die Kontinuität zu diesem :Du" bewahren, um der Unterstützung sicher zu sein, andererseits muß es sich zugleich gegen dieses "Du" behaupten, um zu einer eigenen Persönlichkeit zu reifen.

In der Auseinandersetzung um die eigene Autonomie erfährt das Kind die Mutter noch einmal als allmächtig, nicht im Sinne der Verfügungsgewalt über Leben und Tod, sondern in ihrer scheinbaren Allwissenheit. Besser als das Kind scheint sie vorauszuahnen, was bei einem Unternehmen passieren kann, wo die Gefahren sich verbergen. Ihre Warnungen und Prophezeiungen:"Faß das nicht an, Du verbrennst Dich", "Steig nicht auf den Tisch, Du fällst runter" erweisen sich nur zu oft als richtig. Zu der Wut über den erlittenen Schmerz gesellt sich die Wut auf sie, der es dieses Mißgeschick anlastet, das es wie eine Strafe für seinen Ungehorsam empfindet.

In der Auseinandersetzung mit dem mütterlichen Willen entfaltet das Kind die eigene Psyche als eine innere Bühne. Auf ihr lassen sich die kindlichen Dramen neu durchspielen und zu einem glücklicheren Ende bringen als in der Realität. Handlungen können auf dieser Phantasie-Bühne vorweggenommen und in verschiedenen Varianten erprobt werden. In diesem Prozeß lernt das Kind zu trennen zwischen innen und außen, anderen und sich selbst, der Mutter als Quelle von Nahrung und Lust und einem Menschen, den es mit seiner Liebe umwerben kann. Die Phantasie schafft eine individuelle Wirklichkeit, das Repertoire, mit dem der Mensch seine Umwelt bewältigen kann.

Biologische Gegebenheiten, die soziale Ausprägung der Geschlechter, kulturelle Leitbilder, Unterschiede in den realen gesellschaftlichen Verwirklichungsmöglichkeiten für Männer und Frauen eröffnen den Söhnen und Töchtern unterschiedliche Bewältigungsmöglichkeiten der von beiden erfahrenen mütterlichen Allmacht.

Die geschlechtliche Gleichheit der Töchter mit den Müttern verführt die Mütter dazu, die Töchter als Erweiterung ihres Selbst, als Teil von sich zu begreifen und sie "narzißtisch" zu besetzen, während die Söhne aufgrund ihrer geschlechtlichen Verschiedenheit den "Anderen" symbolisieren, biologisch wie sozial.

Als Teil des mütterlichen Selbst kann die Tochter die eigene innere Bühne nicht aufbauen. Sie lernt nicht, zwischen innen und außen, sich und anderen zu trennen. Die Tochter kann kein von der Mutter unterschiedenes, abgegrenztes Selbst mit erkennbaren Ich-Grenzen entfalten. Sie bleibt stattdessen dem mütterlichen Bild von sich verhaftet. Sie bildet ein "falsches" Selbst aus, das mütterliche Bild von sich.

Als Teil des mütterlichen Selbst lernt die Tochter nicht, sinnliche Bedürfnisse und Gefühle zu differenzieren und die Psyche als eigenständige innere Bühne auszuformen. Die Psyche bleibt an den Leib gebunden. So kann die Psyche dem Leib nicht als eigenständige Instanz gegenübertreten und seine sinnlich-emotionalen Begierden, Freuden und Schmerzen wahrnehmen und steuern. Sie kann seine Unbegrenztheit nicht einbinden in ein partnerschaftliches Verhältnis, in dem sie entscheidet, wann und wie weit sie den Gelüsten des Leibes folgt.

Stattdessen muß sie sich entweder seinem Diktat unterwerfen: seinen Reaktionen auf die Umwelt, die sein animalisches Erbe ausmachen oder sie muß den Leib abspalten und seine Existenz mit all seinen sinnlich-emotionalen Qualitäten leugnen wie im Extremfall der Magersucht. In der Ungeschiedenheit von Leib und Psyche tritt an die Stelle eines persönlichen Problems ein körperlicher Zustand. Der Leib selber wird zur Bühne, auf der sich das innere, unbegriffene Geschehen ausdrückt wie in psychosomatischen Kranheiten.

Die Männlichkeit des Sohnes verführt Mütter von Jungen dazu, sie aus der prä-oedipalen Beziehung der frühen Kindheit in eine oedipal getönte Beziehung hineinzuziehen. Diese ist durch Sexualität und geschlechtliche Unterschiedlichkeit gekennzeichnet. Die Verlockung ist umso stärker, je weniger - wie unter den heutigen gesellschaftlichen Bedingungen - erwachsene Männer als befriedigende Partner zur Verfügung stehen. Der Sohn als "kleiner Mann" bietet der Mutter einen attraktiven Ersatz. Damit werden Jungen zu einem frühen Zeitpunkt gezwungen, ihre primäre Liebe und das Gefühl der empathischen Verbundenheit mit ihr zu beschneiden.

Auf der anderen Seite ermöglicht ihnen genau dieser Prozeß die Errichtung erkennbarer Ich-Grenzen. Die Töchter dagegen verbleiben länger in der prä-oedipalen, dyadischen Beziehung mit der Mutter mit der Konsequenz, daß ihnen die Abgrenzung von der Mutter, die Etablierung eigener Ich-Grenzen, der Aufbau einer eigenständigen Persönlichkeit nicht im selben Maße gelingt wie den Jungen, die der Allmacht durch Separatheit entfliehen.

Die Zunahme psychosomatischer Krankheiten und die in A.7 beschriebenen Entfremdungsphänomene weisen darauf hin, daß in den letzten Jahrzehnten auch Jungen verstärkt ein "weibliches" Schicksal erleiden in der prä-oedipalen Bindung an die Mutter, doch wird dies durch eine männliche Fassade überdeckt, die ihren Ursprung im Angebot einer männlich-sozialen Geschlechtsrolle findet (vgl. A. 2)

Die unterschiedliche Behandlung von Söhnen und Töchtern läßt sich nicht auf der Oberflächenebene des Verhaltens feststellen. Empirische Untersuchungen dazu sind notwendig widersprüchlich. Die Unterschiedlichkeit zeigt sich in Nuancen, Tönungen, Qualitäten, die aus den sozialen Geschlechterbestimmungen resultieren und die sich in unterschiedlichen Grundhaltungen der Mütter zu Söhnen und Töchtern wiederfinden lassen.

Die unterschiedliche Grundhaltung prägt bei beiden Geschlechtern unterschiedliche "Beziehungs-Potentiale" aus: Grundlage des weiblichen Selbstgefühls wird die Weltverbundenheit, Grundlage des männlichen Selbstgefühls die Separatheit. In der oedipalen Konfliktsituation des 2.-5. Lebensjahres wird dieses Grundgefühl im Hinblick auf die psychosexuelle und soziale Geschlechtsidentifikation modifiziert, beschnitten und erweitert.

2. Die oedipale Konfliktsituation: Heterosexualität und Homoerotik

In der oedipalen Entwicklungsphase (2.-5. Lebensjahr) wird die Beziehung von Söhnen und Töchtern zur Mutter zum Teil kompliziert, zum Teil erleichtert durch das Auftreten des Vaters. Die bis dahin erfolgte Reifung der Ich-Funktionen (Wahrnehmung, Denken, Sprache, motorische Fähigkeiten) gestattet eine Distanzierung von der Allmacht der frühen Mutter und eine bewußte Hinwendung zum Vater als einem "Anderen".

Der Junge wird sich konturierter seines eigenen Geschlechts bewußt und erkennt die Mutter als Angehörige des anderen Geschlechts, um das er mit dem Vater konkurrieren muß. Doch verändert sich sein Objekt der Liebe nicht. Zu der engen körperlichen Verbundenheit, die er mit der Mutter von Anbeginn an teilte, tritt die sexuelle Leidenschaft hinzu, die sich auf sie richtet. In der Auseinandersetzung mit dem Vater erkennt er die Vergeblichkeit seines Bemühens, doch hofft er, als erwachsener Mann in der Frau sowohl die Geborgenheit wie die Erfüllung leidenschaftlicher Sehnsucht zu finden.

Den Vater erfährt er in der Regel zu einem Zeitpunkt, wenn er beginnt, der Sprache mächtig zu werden, zu laufen, die Umgebung zu erforschen und zu begreifen, d.h. zu einem Zeitpunkt, wenn er nicht mehr hilflos fürs bloße Überleben auf den anderen angewiesen ist. So ist sein Kontakt zum Vater abgegrenzter, spielerischer, "gleichberechtigter" als die Verschmelzung mit der allmächtigen Mutter.

In dieser Abgegrenztheit kann sich der Junge die eigene männliche Autorität vermutlich vollständiger aneignen als das Mädchen die unbegrenzte mütterliche Autorität, die ihr selber unheimlich ist, der gegenüber sie sich ebenso ambivalent verhält wie er.

Als Repräsentant der außerfamiliären Welt bietet der Vater eine Gemeinschaft an, die ihm Befriedigungen auf einer neutralen Ebene verspricht: in Unternehmungen, Aktivitäten, Handlungen. Diese Attraktion erleichtert die

Ablösung des Jungen von der Mutter und die soziale
Geschlechtsrollenidentifikation mit dem Vater: die
Entwicklung eines festen, männlichen Selbst durch die
Identifikation mit dem Agressor, als den er den Vater in der
Konkurrenz um die Mutter erfährt.

Der Vater als männlicher Konkurrent stellt den Sohn
vor die Wahl, entweder den eigenen Phallus oder das
Begehren für die Mutter aufzugeben. Der Phallus
symbolisiert sowohl geschlechtliche wie soziale männliche
Dominanz oder Zugehörigkeit. Angesichts der
Kastrationsdrohung, vor deren Auswirkungen die weibliche
Scheide in erschreckender Weise warnt, entscheiden sich die
meisten Jungen für den Eintritt in die Männerwelt, um
diesem Schicksal zu entgehen.

Der Eintritt in die Welt des Vaters erleichtert den
Verzicht auf die Mutter als primäre Liebe wie als Ziel
sexueller Leidenschaft. Die männliche Welt birgt
gesellschaftlich akzeptierte Bedingungen, um die erlebten
Ohnmachts- und Abhängigkeitsgefühle, die Wut und den Haß
auf die allmächtige frühe und verführende oedipale Mutter zu
kanalisieren. Diese Wut kann er nutzen für die Bindung an
das eigene Geschlecht und für die Errichtung einer
verächtlichen Distanz zur Frau.

In der Beziehung zur Mutter mischen sich oedipale
Problemstellungen von sexueller Anziehung, Rivalität und
Eifersucht mit prä-oedipalen Bedürfnissen nach primärer
Liebe und Eins-sein.Die von der Mutter ausgehende
frühzeitige "Sexualisierung" ihrer Beziehung zu ihrem Sohn
(vgl. A.1) hinterläßt in ihm oft Narben, weil sie seine
sexualisierte zärtliche frühkindliche Zuneigung stimulierte,
während sie zugleich seine männlich-sexuellen Begierden
mit Strafen bedrohte (vgl. A. 7 und 8)

Vom Zeitpunkt der Pubertät an entdeckt er, daß die
Macht über Frauen respektiertes Statussymbol der
Männerwelt ist. Sie ermöglicht ihm den Zugang zu den
emotionalen Quellen, über die die Frauen verfügen und
zugleich die Teilhabe an der männlichen Welt der
Handlungen. Diese Erfahrung vermag ihn mit den
Widersprüchen der oedipalen Situation zu versöhnen.

In der Pubertät wird die Rivalität um die Mutter auf den sportlichen und/oder beruflichen/schulischen Wettkampf verlagert, über den die Jungen eine männliche Solidargemeinschaft bilden. Mädchen werden zu Objekten phallischer Selbstbestätigung im sexuellen Wettkampf oder zum Gegenstand gemeinsamer Distanzierung ("Mädchen sind doof"). In den Stammtischwitzen, die häufig die Demütigung und Erniedrigung der Frau zum Inhalt haben, setzt sich diese Tradition fort. Frauen, die - oft hilflos - in das Lachen der Männer einstimmen, tragen dazu bei, daß solche Verhaltensweisen gesellschaftlich akzeptiert werden. Zugleich leben sie den eigenen Groll gegen die Mutter wie die Situation des entwürdigten Kindes aus, indem sie an der Herabsetzung von Frauen teilhaben.

Aber nicht nur die verächtliche Distanz zur Frau prägt die männliche Solidargemeinschaft, sondern auch der gemeinschaftliche Besitz und die Kontrolle von Frauen, die zum Inhalt der Männlichkeit hochstilisiert werden. Die "öffentliche" Frau, die Schöne auf dem Werbeplakat, die "geteilte" Frau im Nachtklub, im Bordell, in den sexuellen Phantasien der Männer wie in der "Geschichte der O." hat kein Gegenstück im "öffentlichen" Mann. Während Männer sich gönnerhaft die eine oder andere Frau zuschanzen, gemeinschaftlich Bordelle besuchen und darin ihre Männlichkeit bestätigen, hat die männliche Hure eher exotischen Wert. Freundschaftliche Hinweise auf "gute", leicht zu habende Liebhaber werden nicht so rasch "unter Schwestern" verteilt wie entsprechende Hinweise "unter Brüdern." Die "geteilte" Frau ist Objekt der Männerwelt. Sie hat keinen Anspruch auf die Treue eines Mannes, während der "geteilte" Mann über seine "Teilung": sein Fremdgehen, in der Regel selbst beschließt und zugleich die Treue zumindest einer Frau beansprucht. Fügt sie sich diesem Anspruch nicht, werden gewalttätige Handlungen, mit denen der "gehörnte" Ehemann/Freund seinen "Besitz" Frau verteidigt, nicht nur toleriert, sondern im Alltagsverständnis des Mannes auf der Straße wie in der Rechtsprechung mit Verständnis kommentiert. Die Frau

"ist die gefangene, erniedrigte Mutter, die entthronte Tyrannin, die geschändete Göttin, gemeinschaftlich

X die Männerbünde

besessen im Sinne einer rituellen Entgegnung auf die ⌀
sexuellen Rivalitäten, die die männliche Solidarität
schwächen" (Dinnerstein, 1979, S. 82)

Der geteilte Besitz von Frauen stabilisiert nicht nur die
männliche Solidargemeinschaft, sondern gestattet zugleich -
bis zu einem gewissen Maße - das Ausleben homoerotischer
Impulse in der Teilnahme an einem gemeinsamen Akt.

Homoerotische Impulse sind bei Jungen einer stärkeren
Tabuisierung unterworfen als bei Mädchen. Dies wird sowohl ⌀
in den unterschiedlichen öffentlichen Reaktionen auf
händchenhaltende Mädchen und Jungen während der
Pubertät sichtbar wie in der unterschiedlichen
Toleranzgrenze gegenüber Schwulen und Lesben. Die "gute"
Freundin, die auch mal bei der halbwüchsigen Tochter
übernachtet, löst weniger Bedenken bei den Eltern aus als
der "gute" Freund, den man im Bette des Sohnes überrascht.

Der unterschiedliche Umgang mit weiblicher und
männlicher Homoerotik gründet sowohl in
Reifungsprozessen wie in gesellschaftlichen Begrenzungen.

Die homoerotischen Neigungen des Mädchens
entstammen der frühen gleichgeschlechtlichen Bindung an
die Mutter. In der frühen Identifizierung mit ihr überwiegt
bei dem Mädchen die körperlich-sinnliche Komponente des
Kontaktes, die sich beispielsweise in erotischen Phantasien
ausdrückt, in denen es um Berührung, Wärme, Zärtlichkeit ⌀
geht und nicht um genitale Erregung. Die homoerotische
Komponente des Jungen: die Zuneigung zum Vater, entsteht
in einer Phase der Entwicklung, in der seine
Verstehensmöglichkeiten so weit gereift sind, daß er sich von
dieser Zuneigung distanzieren kann. Diese Fähigkeit hilft
ihm, die Rivalität zum Vater, der zwischen ihm und der
begehrte Mutter steht, zu bewältigen, indem er sich mit ihm
identifiziert statt ihn als Gegenüber zu lieben. So ist diese
Komponente bei ihm schwächer ausgebildet als die
undifferenzierte heterosexuelle Bindung an die Mutter.

Die Identifikation mit dem Vater erfolgt zu einem
Zeitpunkt, wenn sexuelle Strebungen in sein Blickfeld
rücken. Die Möglichkeit der Sexualisierung des

Körperkontaktes zum Vater läßt seine homoerotischen Neigungen gesellschaftsunfähiger erscheinen als die des Mädchens. Homoerotik verbindet sich mit Homosexualität, eine Gleichung, die bei Frauen seltener ins allgemeine Bewußtsein rückt. So ist die homoerotische Komponente beim Jungen stärker tabuisiert als beim Mädchen. Doch scheint im öffentlichen Umgang mit AIDS, in der Pressewirksamkeit dieses Themas als "Schwulenseuche" das unterschwellige Interesse, die Faszination und die Bedrohung auf, die homoerotische Neigungen in ihrer praktizierten geschlechtlichen Form in der Männerwelt auslösen (vg. A. 12).

In gesellschaftlich akzeptierter Weise kann der Mann seine homoerotischen Neigungen im gemeinschaftlichen Besitz der Frau leben wie im Bordell, in dem der Mann in indirekter Form Kontakt aufnimmt zu seinem männlichen Rivalen und Geschlechtsgenossen, wie Erfahrungsberichte und Phantasien von Männern vielfach belegen.

Für das Mädchen stellt sich die oedipale Situation komplexer dar als für den Jungen. Die Mutter ist die erste erotische und zugleich körperliche Liebe. In ihr und an ihr formt sich das eigene Körperbild aus. Mit dem Auftauchen des Vaters als eigenständige, von der Mutter unterschiedene Figur während des zweiten bis fünften Lebensjahres wird das Mädchen gezwungen, seine erotischen Neigungen umzupolen, zumindest zu erweitern. Während für den Jungen die Hinwendung zum Vater seine soziale Geschlechtsidentifikation begründet, geht es beim Mädchen um die psychosexuelle Entwicklung: die Ausprägung heterosexueller Neigungen. Doch gibt das Mädchen in der Hinwendung zum Vater ihre erste Liebe, die Mutter, nicht vollständig auf. Sie bleibt als diffuse homoerotische Neigung bestehen, die in den Beziehungen der Frauen untereinander, ihrer Gemeinsamkeit als mütterlicher Versorgungsmacht auflebt.

Die Erfahrungen, die das Mädchen als Teil des erweiterten Selbst der Mutter von früh auf gesammelt hat, prägen seine Innenwelt in spezifisch anderer Weise als die des Jungen. Die lange, intensive Verschmolzenheit mit der

Mutter formt in ihr die Fähigkeit aus, die Bedürfnisse und
Gefühle anderer als eigene zu erleben. Diese Fähigkeit zur
Empathie verbindet sie kontinuierlicher mit der äußeren
Objektwelt, läßt ihre Ich-Grenzen aber zugleich
verschwommener, ihre Erfahrungen undifferenzierter
erscheinen als die des Jungen. Viel länger als er bleibt sie mit
Fragen der Abgrenzung von der allmächtigen Mutter, mit
Fragen ihrer inneren und äußeren Beziehungen beschäftigt,
die sich bis in die Zeit der Adoleszenz hinziehen. Die
Ablösung von der mütterlichen Allmacht ist ihre
Hauptaufgabe in dieser Zeit, nicht die Hinwendung zum
Mann. Die gesellschaftliche Betonung ihrer Weiblichkeit
bindet sie jedoch gerade verstärkt an ihn. Diese Ambivalenz
versucht sie einerseits mit negativen Identifikationen (Ich
bin, was sie nicht ist) zu lösen, andererseits durch die
Zuwendung zu anderen Frauen (die "beste" Freundin) oder
durch Idealisierung mütterlicher Figuren (die tolle Lehrerin,
Filmstars, Buch-Heldinnen) So bleibt sie mit der Mutter
verschmolzen, ohne sich dieses zugestehen zu müssen.

In die früh geformte Innenwelt des Mädchens wird der
Vater in ein Beziehungsdreieck eingebaut, was sich aus der
Auseinandersetzung mit der frühen, prä-oedipalen und
oedipalen Mutter bereits gebildet hat. Er wird nicht zum
Ersatz der Mutter, sondern zu einem Zusatz. Er scheint eine
Lösung für die schmerzhaft erfahrene, intensive und
langdauernde Verstrickung mit der Mutter zu bieten, die
Möglichkeit, ihrer Allmacht zu entfliehen. Die von ihm
repräsentierte Unabhängigkeit, seine Unerreichbarkeit
scheinen der Tochter die eigene Unabhängigkeit zu
garantieren ebenso wie eine Liebe, die sie nicht mit der
Auflösung des eigenen Selbst bedroht. Allerdings verspricht
sie auch nicht - wie die Liebe der Mutter - eine
ursprünglichen Einheit. Faktisch wird ihre symbiotische
Abhängigkeit von der Mutter nicht aufgehoben, im besten
Falle auf den Vater verlagert, von dem sie die Befriedigungen
erwartet, die sie sich von einer Frau erträumt. Seine Distanz,
die seine Rolle als Vertreter des öffentlichen Lebens mit sich
bringt, seine geringere und spätere Verfügbarkeit als
Liebesobjekt versprechen der Tochter die Separatheit und
das Gefühl der Besonderheit, wie sie in der Beziehung
zwischen Mutter und Sohn besteht.

Dies bedeutet, daß das Mädchen im Unterschied zum Jungen, der sich exklusiv auf die Mutter konzentriert, sowohl zum Vater wie zur Mutter eine oedipale Zuneigung entwickelt: zur Mutter, indem es die emotionale Bindung beibehält, zum Vater, indem es die erotischen Impulse auf ihn verlagert. Der Vater verstärkt in der Regel diesen Prozeß, indem er ausdrücklicher als die Mutter Geschlechtsrollenklischees reproduziert und damit heterosexuelle Verhaltensweisen bei seinen aufwachsenden Töchtern verstärkt. Er drängt sie in die Rolle der passiv-wartenden, ohne sich selber zu sehr in die Beziehung zu verstricken. Eher läßt er sie fallen. Dies mag ihr helfen, als Erwachsene ihre Liebe zum Vater zu opfern und sie anderen Männern zuzuwenden, doch meist bleibt auch ein Motiv der Rache und der Wut auf die nicht eingelösten Versprechungen (vgl. A. 8)

Der Vater bietet eine Pseudo-Lösung für die Ambivalenz der Säuglingszeit: dem Hin- und Hergerissensein zwischen dem Wunsch nach Verschmelzung und den erfahrenen Enttäuschungen darüber, daß die Mutter nicht allzeit verfügbar ist. Die positive Seite dieser Erfahrung kann sie dem Vater schenken, der in seiner Unerreichbarkeit zumindest die phantasierte Verschmelzung garantiert und durch die wohlwollende, eventuell verführende Anerkennung der Tochter als Weibchen stimuliert. Dafür ist sie bereit, die Unzulänglichkeit des Vaters (und später des Geliebten oder Ehemannes) zu übersehen, solange sie sich geliebt fühlt.

Die Mutter hingegen wird zur Trägerin der negativen Gefühle. Diese werden durch die Erfahrung bestärkt, daß auch die Mutter von der öffentlichen Bühne, die der Vater repräsentiert, ausgeschlossen ist. Da die Tochter in der Mutter in dieser Phase (zweites bis fünftes Lebensjahr) ihr eigenes Geschlecht erkennt, macht sie die Mutter für ihr Mißgeschick verantwortlich, während sie den Vater als stellvertretenden Zugang zu dieser Welt eher überidealisiert und verherrlicht.

Die Feindseligkeit gegenüber der Mutter hilft dem Mädchen, die Schuldgefühle darüber zu kanalisieren, daß sie einen Teil der Liebe und Wärme, der töchterlichen Dankbarkeit der Mutter gegenüber dem Vater schenkt.

Zugleich rächt sie sich für die abgewiesene Liebe, die aus der Erfahrung stammt, daß die Mutter Menschen wie den Vater und den Bruder, die einen Penis als S y m b o l gesellschaftlicher Macht und Anerkennung besitzen, vorzieht. Die Kränkung, die in der Abwertung der eigenen Geschlechtsteile und damit der mütterlich-töchterlichen Liebe liegt, ruft den Penisneid hervor: nicht als biologisches Bedürfnis, selber ein Mann zu sein, sondern weil der Phallus als Symbol sowohl Unabhängigkeit: die Autonomie als Frau wie die Liebe der Mutter garantiert. Den Phallus hofft sie in der Hinwendung zum Vater zu erringen, indem sie sich den Penis als sexuelles Objekt aneignet, da sie ihn schon selber nicht besitzen kann.*

Doch muß sie die Erfahrung machen, daß sie in der vom Vater vertretenen Welt als gleichberechtigte Partnerin nicht willkommen ist. Sie dient ihm als Repräsentationsobjekt, auf das er stolz sein kann, besonders, wenn sie als attraktive, gut geformte Schöne in die Pubertät eintritt und er sie in das gesellschaftliche Leben einführen kann. Die männliche Welt: der Stammtisch, der Sport, der Beruf bleiben hingegen dem Sohne vorbehalten.

Die lange Auseinandersetzung mit weiblichen und männlichen Bindungen, in deren Kontext sie das oedipale Drama löst, bereitet sie darauf vor, als Erwachsene ihre Arbeitskraft in Beziehungen zu investieren. Die auch im männlichen Säugling angelegte Fähigkeit zur Empathie wird hingegen durch die oedipale Situation beschnitten.

*Diese Symbolik wird deutlich in dem Witz von Fritzchen und Klein Erna. Fritzchen, sich seiner Männlichkeit bewußt, deutet voller Stolz auf seinen Penis und ruft ihr zu: So einen wirst Du nie haben. Nach bestürzter Rücksprache mit der Mutter kommt Klein-Erna strahlend aus dem Haus und ruft ihm zu: Meine Mutter sagt, wenn ich mal groß bin, kann ich so viele davon haben wie ich will.

3. Weibliche und männliche Lust

Der Säugling begreift die Außenwelt als Teil seiner Welt, die ihm Lust oder Unlust bereitet. Der erste Mensch, der ihm als Außenwelt gegenübertritt, ist die Mutter. Als Quelle der Lust ist sie erstrebenswerter Besitz, den er mit niemandem teilen will. Aufgrund ihrer biologischen Unterschiedlichkeit können beide Geschlechter sich diesen Besitz später als Erwachsene in unterschiedlicher Weise zugänglich machen: die Frau, indem sie selber zur Quelle der Lust wird, der Mann, indem er in den Armen der Frau die symbiotische Verschmelzung der frühen Liebe neu erfahren kann.

In der geschlechtlichen Begegnung kehren Männer laut Balint vollständiger zur Mutter zurück als Frauen.

"Der Mann kommt dieser Regression während des Koitus am nächsten; mit seinem Samen wirklich, mit seinem Penis symbolisch und mit seinem ganzen Ich in der Phantasie." (Balint, zit. nach Chodorow, 1985, S. 251)

Sie hingegen kann die Rückkehr ins Ur-Paradies nicht als sie selbst vollziehen, sondern nur "vermittelt über": a) über ihn, indem sie sich mit dem in sie eindringenden Mann identifiziert, sich den Penis einverleibt wie früher die Mutterbrust und so die Einheit mit der Mutter herstellt; b) über ihren Leib, den Mutterschoß, den sie ihm zur Verfügung stellt, wie dies die frühe Mutter tat, mit der sie sich darüber verbindet.

Während er in den weiblichen Armen sehr viel zentraler in die hilflose Leidenschaft des Säuglings zurückversetzt werden kann, ermöglicht ihr die Verkörperung der mächtigen Mutter Distanz. Die intensive symbiotische Bindung an die Mutter lassen eine Rückkehr in die Säuglingszeit für sie weniger bedrohlich erscheinen als für ihn. Zwar hindert die symbiotische Bindung sie an der Herausbildung eines differenzierten Selbst und bedroht damit ihr reales Selbst, doch muß sie die symbiotische Bindung im Unterschied zum Jungen nicht verleugnend abwehren. Die damit verbundene länger andauernde

Auseinandersetzung mit den inneren und äußeren Beziehungen hat sie zudem gelehrt, mit der Verschmelzung, zumindest ansatzweise, umzugehen, während er sich nicht sicher sein kann, ob er nicht in dem allumfassenden Meer des mütterlichen Schoßes versinkt, in dem sie schwimmen gelernt hat. Von daher kann sie sich eher auf die Abhängigkeit der Säuglingszeit einlassen und intensive physische Erregung und Emotionalität miteinander verbinden.

Andererseits ist sie weniger als er in der Lage, die körperliche Sinnlichkeit als solche zu leben, obgleich sie diese Unfähigkeit für sich als ein Merkmal menschlicher Würde erlebt. Die Koppelung von Liebe und physischer Leidenschaft führt dazu, daß eine Frau - wenn ein Mann sie körperlich erregt - sich zunächst in ihn verlieben muß, bevor sie ihm im Liebesakt begegnen kann. Ihre Neigung, mit dem Manne zu verschmelzen, bindet sie stärker an ihn als ihn an sie. So bleibt sie oft länger und intensiver an ihn gekettet als dies ihrem ursprünglichen Interesse entsprach.

Er hingegen zieht es häufiger vor, sich dem hilflosen Ausgeliefertsein und den damit möglichen Kränkungen und Verletzungen in der Liebe durch zahlreiche - kulturell gefärbte - Strategien zu entziehen:
- indem er ganz der heterosexuellen Liebe abschwört und sich der Sachwelt oder dem eigenen Geschlecht zuwendet
- indem er die sinnliche Liebe nur oberflächlich oder pflichtbewußt vollzieht
- indem er die emotionale Zuneigung von der sinnlichen Begierde trennt und diese mit verschiedenen Frauen oder mit derselben Frau zu verschiedenen Zeiten lebt (vgl. A. 9)

Er kann für sie sorgen und sie verwöhnen und sie doch mit sexuellen Almosen abspeisen. Er kann der wilde Liebhaber sein und doch seine Zärtlichkeit, seine Loyalität für eine andere Frau reservieren. Er kann seine Leidenschaft seiner Arbeit vorbehalten und sie zur Haushälterin degradieren, während sie loyal bis zum bitteren Ende zu ihm steht, verwickelt in die mütterliche Bindung, mit der sie ihre ökonomische wie emotionale Abhängigkeit romantisiert.

Dafür zahlt er mit einer Verarmung im emotionalen Erleben, die auch die anderen Bereiche seines Lebens überschattet.

Entscheidet er sich zu dem Versuch, die frühe Liebe und die sinnliche Erregung in einer Frau zu vereinen, so ist dies in der Regel eine bewußte Willenserklärung. Sie erwächst aus unbefriedigenden Erfahrungen, die nur seiner phallischen Bestätigung gedient haben (wie das "Aufreißen" von Frauen für eine Nacht). Die Frau hingegen kann zwischen gefühlsmäßiger Liebe und körperlicher Sinnlichkeit gar nicht wählen, da beide ungetrennt existieren. Der Grund dafür liegt in der schwächer ausgeprägten Ich-Differenzierung der Frauen im Vergleich zum Manne, die ich in A. 2 erläutert habe.

Aufgrund ihrer unterschiedlichen emotionalen Bindung aneinander und der andersartigen Bedeutung, die der Leib für beide Geschlechter erhält, erleben Männer und Frauen einen "Eindringling" in ihre Beziehung auf unterschiedlicher Ebene.

Die Rivalität eines anderen Mannes um den "Besitz" der Frau erinnert an den möglichen Verlust der Säuglingszeit, in der die Entfernung der mütterlichen Quelle als ständige existenzielle Bedrohung erfahren wurde. Das spätere Wissen darum, daß dieser Lebensquell stets außerhalb seiner selbst liegen wird, macht es für den Mann notwendiger als für die Frau, sich diese Quelle durch den ausschließlichen Zugang zu ihr zu vergewissern. Von daher kann er - wenn überhaupt - es besser tolerieren, wenn sie ihr Gefühlsleben mit einem anderen Manne teilt als die körperliche Lust. Die Frau ist aufgrund der Erkenntnis dessen, daß sie das ursprüngliche Objekt "Mutter" in sich neu wiedergebären kann, unter diesem Aspekt weniger auf ihn angewiesen als er auf sie.

Auf der emotionalen Ebene jedoch bleibt sie ihm stärker verhaftet als er ihr. Sie kann seine sexuelle Treulosigkeit eher akzeptieren als ihre, solange sie sicher ist, daß er ihrer bedarf, sie das Wichtigste für ihn ist. Ihre Rivalin wird erst in dem Moment bedrohlich, in dem die Gefahr besteht, daß sich der Mann ganz von ihr abwendet. Sein Rivale wird

bedrohlich, sobald er sich den Zugang zu ihrem Leibe erobert
hat.

Das körperliche Beisammensein erleben Mann und Frau
anders. Der Körper der Frau reaktiviert für ihn in der
Ähnlichkeit mit der Mutter die unmittelbare Erinnerung an
das frühe Glück, aber auch die Schmerzen der Versagung,
während sie in Identifikation mit der Mutter ihren Körper
zur Verfügung stellt.

Die Erfahrung der mütterlichen Eigenständigkeit, die
sich dem eigenen Willen entziehen kann, ist eine
grundlegende Quelle menschlichen Kummers. An diesen
Kummer rührt die Impulsivität des weiblichen Leibes, wenn
er in der sexuellen Begegnung dem eigenen inneren
Bewegungsablauf folgt, der sich von seinem unterscheidet.
Die Frau, die sich eher intuitiv dieser Gefahr bewußt ist, paßt
sich in der Regel seinem Rhythmus an, um die sexuelle
Begegnung für sie nicht zu gefährden. Sie weiß, daß sie viel
stärker auf die Quelle der Wunscherfüllung angewiesen ist
als er, da ihre Lust in viel höherem Maße von seiner
Erektionsfähigkeit abhängt als seine von ihrer vaginalen
Reaktionsfähigkeit. Doch statt dafür entschädigt zu werden,
soll sie ihm den Verlust, den beide mit der Ablösung von der
frühen Mutter erlitten haben, entgelten. So suggeriert sie die
Ur-Harmonie, oft selber überzeugt davon, daß ihre erotisch-
sexuellen Bedürfnisse voll in den seinen aufgehen.

Im Eingehen auf seinen Rhythmus verabschiedet sie
sich von der Weiblichkeit: dem spontanen, selbständigen,
impulsiven Ausdruck ihrer Fleischlichkeit und akzeptiert das
Leitbild der Fraulichkeit: der damenhaften, diskreten
Zurückgezogenheit, auch wenn die Zuschreibung heute nicht
mehr so weit geht wie im viktorianischen Zeitalter, in dem
eine "Dame" sich während des Geschlechtsverkehrs nicht
bewegte. (ref. nach Chodorow, 1985, S. 147)

Der Mann erahnt das Ungleichgewicht, das sowohl in
der biologischen Potenz wie in den Verantwortlichkeiten für
die Lusterfüllung zwischen ihr und ihm besteht. Die darin
liegende Bedrohung wehrt er mit dem Hinweis auf ihre

Unersättlichkeit ab, die sie schuldhaft akzeptiert.* Um das labile (Un)-Gleichgewicht nicht zu gefährden, zügelt sie ihre sexuellen Impulse, doch entfalten sich diese im Untergrund wie alle unterdrückten Strebungen nur umso mächtiger und gefährlicher, was dazu zwingt, sie noch stärker einzudämmen.

Doch liegt der tiefere Grund für den Verzicht auf die eigene fleischliche Lust nicht in den kulturellen Zuschreibungen oder der Angst des Mannes, sondern in den lebensgeschichtlichen Erfahrungen der Frauen: der frühen Kindheit und der oedipalen Konfliktsituation. Der Verzicht dient nach Dinnerstein der Sühne für jene durchdringende Schuld, die die Hinwendung zum männlichen Geschlecht und die damit verbundene Untreue gegenüber dem ersten Liebesobjekt: der Mutter, für sie bedeutet. Diese Schuld ist doppelter Natur: zum einen läßt die Flucht vor der Allmacht der Mutter alte frühkindliche Schuldgefühle aufleben; zum anderen ruft das erotisch-sexuelle Begehren gegenüber dem Vater neue Trennungsängste und erneute Wut auf die verbietende Mutter hervor, die abgewehrt werden durch das Opfer der eigenen körperlich unerfüllten Lust mit dem Mann. Mit der Eindämmung ihrer eigenen Lust kann sie die heterosexuelle Beziehung zum Vater wie die homoerotische Beziehung zur Mutter bis zu einem gewissen Grade miteinander versöhnen und sich beide Liebespartner der Kindheit erhalten.

In der narzißtischen Besetzung der Tochter - als Erweiterung ihres eigenen mütterlichen Selbst - lassen Mütter sich für die eigene unbefriedigende geschlechtliche Liebe mit dem Manne oft entschädigen, indem sie sich

-----

*Manchem(r) Leser(in) mag die Klage über seine Unersättlichkeit vertrauter sein. Doch zeigt sich bei näherem Hinsehen, daß die "unersättlichen" Männer in der Regel Frauen wählen, die sich ihrer Potenz nicht bewußt sind oder sich nicht trauen, sie zu leben. Sobald solche Frauen lernen, sich ihre Lust anzueignen und auf ihrer Erfüllung zu bestehen, wendet sich das Bild: der vorher unersättliche Partner reagiert impotent und beschuldigt sie der Unersättlichkeit.

stellvertretend mit der Sexualität und dem Sexualleben der Töchter identifizieren. Diese Identifikation kann sich in einem übertriebenen Interesse für die töchterliche Scheide ebenso äußern wie in dem Bedürfnis, die Tochter möglichst detailliert über ihre sexuellen Abenteuer zu befragen, wie dies aus zahlreichen klinischen Fallgeschichten berichtet wird (vgl. beispielsweise Chodorow, 1985, S. 134). In dieser Identifikation begrenzen sie die Tochter auf die Befriedigung mütterlicher Triebbedürfnisse und verhindern damit zugleich den Verrat, den eine befriedigende, die geschlechtliche und emotionale Liebe umfassende Beziehung zu einem Mann für sie bedeuten würde. Weder die Mutter kann so ihrer Tochter Eigenständigkeit und Sexualität zugestehen noch kann die Tochter ihre Wünsche an die Mutter zurückstellen und die Hinwendung der Mutter zum Vater akzeptieren. So erlebt sie die sexuelle Beziehung zum Mann im Hinblick auf ihre Mutter und empfindet sich selbst als Mutter und/oder Tochter.

In der Identifikation mit der mütterlichen Seite der Säuglings-Mutter-Konstellation bezieht sie sich in ihrer Erotik auf ihn statt auf sich. Sie konzentriert sich mehr darauf, seine Wünsche zu erraten und zu befriedigen als ihre Bedürfnisse wahrzunehmen. Doch indem sie sich fügt, betrügt sie ihn. Indem sie sich fügt, entzieht sie sich ihm als die Person, die sie wirklich ist: in all ihrer Fülle, in all ihrer Kraft. Heimlich kehrt sie zu ihrer ersten Liebe zurück. Zugleich rächt sie sich an ihm dafür, daß der Vater ihr die Mutter nahm. Doch ist die Rache armselig im Vergleich zum Preis der Aufgabe der eigenen unmittelbaren Sinnlichkeit.

In der Identifikation mit der töchterlichen Seite bringt sie ihm die bewundernde Anerkennung entgegen, mit der er sich in seiner Potenz bestätigt fühlen kann. Sie beruhigt ihn damit, daß sie seinen Wünschen nachgibt, ihn nicht mit ihrer Potenz bedroht. Für ihn stellt sie das Ur-Paradies her des

"mich soll man lieben, immer, überall, auf jede Weise, meinen ganzen Körper, mein ganzes Ich, ohne jegliche Kritik, ohne die kleinste Gegenleistung meinerseits" (Balint, zit. nach Chodorow, 1985, S. 106)

In ihrer doppelten Funktion: als gebender und stützender (mütterlich-erwachsener) und abhängig-unterwürfiger (töchterlich-kindlicher) Teil entschädigt sie ihn für sein beschädigtes Männlichkeitsgefühl.

Ihre gesellschaftliche Einschränkung verwehrt ihr zusätzlich zur innerspychischen die Erforschung der eigenen erotischen Impulse und damit den Erwerb des Wissens, der es ihr ermöglichen würde, die Begrenzungen der männlichen Potenz auszugleichen. Ihre Unfähigkeit, sich einem sexuellen Vergnügen überlassen zu können, engt ihre Partnerwahl weiter ein.

Er kann seine Leidenschaft abstrakten Bereichen zuwenden, für die ihm gesellschaftliche Angebote zur Verfügung stehen, während diese für sie - selbst wenn sie die heute gegebenen Möglichkeiten gesellschaftlicher Karriere nutzt - kaum die emotionale Lücke zu schließen vermögen, auf die hin sie orientiert ist. So bevorzugt sie die asexuelle mütterliche Rolle, die ihr die Zuwendung des Mannes garantiert, der sich in ihre mütterlichen Arme flüchten kann, ohne mit ihrer weiblichen Erotik konfrontiert zu sein.

Im Verzicht auf die eigene sinnliche Lust beraubt sie sich der ursprünglichen Quelle subjektiver Autonomie, die in der frühen Kindheit durch die sinnlich-emotionalen Erfahrungen am Leibe der Mutter erschlossen wurde und den Ursprung des Ichs begründet. Mit der Überzeugung, daß physische Begierden unrecht, unwürdig, verachtenswert seien, untergräbt sie die Substanz ihres eigenen Selbstwertes und wird verfügbar für Abhängigkeit, Demütigung, Gefügigkeit.

Die mutterorientierte Kindheit begrenzt im Erwachsenenleben in ihren Auswirkungen beide Geschlechter in unterschiedlicher Weise, wobei Frauen in stärkerem Maße von diesen Begrenzungen betroffen sind, wie ihr Widerstand zeigt.

"Sie macht die Frauen - aus inneren, nicht nur aus äußeren Gründen - normalerweise unfähiger als die Männer, ihre

Interessen gegen Rivalen zu verteidigen, erotischen Impulsen freien Lauf zu lassen oder die Sexualität (in der besonderen Weise, wie sie so genossen werden kann) ohne tieferes persönliches Engagement zu genießen. Gleichzeitig macht sie die Männer – aus den entsprechenden inneren Gründen – normalerweise unfähiger als die Frauen, die Tatsache zu akzeptieren, daß es unmöglich ist, das erotische Interesse eines anderen vollkommen zu monopolisieren, ohne den unbezähmbaren Teil jenes anderen zu zerstören, der sie oder ihn erotisch interessant macht oder aber die Tatsache, daß die sexuellen Impulse und Rhythmen des anderen keineswegs automatisch mit den eigenen synchron sind. Sie bereitet ihnen auch mehr Angst als den Frauen vor dem entscheidenden Breich persönlicher Gefühle, zu dem die Sexualität den Zugang eröffnet". (Dinnerstein, 1979, S. 99)

III MENSCHLICHE GRUNDBEDINGUNGEN DER HEIMLICHEN GLEICHUNG

4. Leiblichkeit, Sexualität und Tod

Die heimliche Gleichung von Sexualität, Leiblichkeit und Weiblichkeit greift jedoch noch viel tiefer zurück als in die Phase der frühen Kindheit. Sie konfrontiert den Menschen mit einer Wahrheit, deren Erkenntnis er sich mit allen ihm zur Verfügung stehenden Mitteln verschließt, deren Wahrheit er aus seinem Leben auszuklammern versucht, verleugnet, verdrängt:

DER LEIB IST STERBLICH.

Dieser einfache Satz verweist auf die existenzielle Bedeutung der heimlichen Gleichung. Sie erhellt den Widerstand, der sich gegen alle Versuche richtet, diese Gleichung zu verändern (vgl. Kap. VII und VIII).

Vom Tage der Geburt an beginnt der Mensch zu sterben und sich zu erneuern im Austausch der Zellen, die seinen Leib bilden. Tod ist die Grundbedingung der Erneuerung von Leben. Nur der Austausch der Generationen ermöglicht Wachstum und Veränderung. Tod ist ein Übergang von einer Seinsform in eine andere. Der Samen "stirbt", damit ein Baum entstehen kann; die Raupe "stirbt", um dem Schmetterling zum Leben zu verhelfen. In dieser Verwandlung ist das alte zugleich im neuen aufgehoben.

Doch wehren wir uns gegen diese Erkenntnis, weil mit dem Tode die eigene Individualität erlischt, die an das Fleisch gebunden ist. Darin liegt zugleich die Paradoxie der Sterblichkeit: daß sie unsere Einmaligkeit, unsere Individualität begründet. Nur in unserer verfleischlichten Form leben wir unser einmaliges Leben.Geburt und Tod, die Erstehung und die Vergänglichkeit des Leibes begrenzen unsere individuelle Existenz.

Das Wissen um die Vergänglichkeit des Fleisches wächst uns zu, lange nachdem wir es mit Empfindungen von Lust und Schmerz, tiefem Wohlbehagen und angstvollem

Schrecken verbunden haben. Diese Eindrücke werden am Leib der Mutter geformt, sind fest mit ihr verbunden. Von ihr getrennt zu sein, sie nicht zu hören, zu riechen, zu fühlen, ist Vorläufer aller Vereinzelung und Prototyp der Furcht vor der endgültigen Isoliertheit. Ins Nichts zu fallen - diese undenkbaren Angst - ist mit ihrem Verlust, ihrer Uneinfühlsamkeit, ihrer Unsicherheit verbunden. Sie ist Vorbote menschlicher Tücke und Rohheit. An ihr erfährt der Mensch, daß sein Leib und damit seine Existenz sich einem fremden Willen beugen müssen. Durch sie erleidet er die Demütigung körperlicher Einschränkungen oder körperlichen Schmerzes im Dienste seiner Unterwerfung unter die elterliche Autorität.

Der Kummer über den Verlust der Einheit mit ihr: die "Austreibung aus dem Paradies", verknüpft sich mit dem Kummer über die Auflösung der Individualität im letzten Lebensakt. Dieser Kummer ist gebunden an das Fleisch, das uns mit der Menschheit vereint und - im Tode - uns von ihr trennt. Der früh erfahrene Schrecken der Isolation, der Separatheit, der Abgetrenntheit von dem mütterlichen Lebensquell verbindet sich mit der Mutter ebenso wie das notwendige Ende, das uns im Geburtsprozeß zum ersten Mal begegnet.

Der weibliche Körper ist nicht nur der erste Kontakt zur Außenwelt, sondern die Quelle, der der eigene Körper entsprungen ist. In der Geburtssituation wird der Mensch zum ersten Mal mit der "Ent-Bindung" konfrontiert. Der Schrecken über den Verlust des ozeanischen Glücksgefühls im Mutterleib paart sich dabei mit dem Entsetzen vor dem möglichen Tode im Geburtskanal. Die grundlegende Erfahrung der Trennung, die der Eintritt in diese Welt bedeutet, findet ihre Vollendung mit dem Tode als Individuum, als fleischliche Existenz.

Zwischen den beiden Grenzsituationen menschlicher Existenz liegt die bewußte Erfahrung der Loslösung im Prozeß der Individuation. Erst die Ablösung von der frühen Mutter läßt die Ausformung einer individuellen Persönlichkeit zu. In diesem Prozeß entwickelt sich aus der Einheit mit der Mutter, der symbiotischen Verschmelzung mit ihr, die Psyche als eigenständige Instanz heraus. Sie ist

Produkt kultureller Sozialisation, nicht Wesenskern des Menschen. Sie ist zugleich Teil seiner psychosomatischen Existenz. Dies wird darin deutlich, daß der Kopf mit dem Gehirn als "Behälter" der Vernunft über die Atembewegung als Lebensquelle mit dem Leibe verbunden ist, wenn die muskuläre Anpannung an der Schädelbasis oder in der Hals- und Nackenmuskulatur die Verbindung nicht abschneidet (vgl. Sebastian, 1986a).

Die Vernunft kann sich dem Leib entgegenstellen wie in der Neurose oder ihn abspalten wie in der Magersucht. Die Vernunft kann sich scheinbar über die Begrenztheit des Leibes erheben, indem sie seine Sterblichkeit verdrängt oder verleugnet. Doch ist dieser Sieg ein Pyrrhus-Sieg, weil mit dem Ende des Körpers die individuelle Vernunft erlischt.

Um dem Schmerz über die erste Trennung von der Mutter wie dem Schmerz über die Trennung von der Menschheit im Tode zu entgehen, rettet sich der Mensch in die Illusion, selber Herr über Leben und Tod werden zu können, wenn er nur über genügend Kompetenzen verfügt. Die Verleugnung der eigenen Sterblichkeit erhält und belebt die säuglingshaften Allmachtsphantasien, sich die Erde untertan und ihre wesentlichen Bereiche unter Kontrolle bringen zu können. Für diesen Anspruch an totale Kontrolle zahlt der Mensch seinen Preis: den Verzicht auf die fundamentale, positive Freude am Körper, die fundamentale Begeisterung für das Leben, die durch eine Macht ersetzt wird, die auf der Furcht vor dem Tode statt der lebensbejahenden Kraft der Freude basiert.

Handlung, Aktivität, Unternehmensgeist ist nicht nur pathologisches Resultat der Verdrängung der eigenen Sterblichkeit, sondern ein Grundbedürfnis des Menschen, der sich in Arbeit, Tätigkeit vergegenständlicht und verwirklicht. Planerische, mentale, konstruktive Tätigkeit ist ursprünglich selber Quelle von Lust und in diesem Sinne Teil des erotischen Verhältnisses zur Welt, wenn sie nicht als Ausgleich und Ersatz für den Verlust der körperlichen erotischen Beziehung zur Welt zu entfremdeter Arbeit degradiert wird.

Die Verbindung des Leibes mit dem Tode macht die Gleichung von Leiblichkeit und Weiblichkeit zu einer existenziellen Gleichung, in der die Sehnsucht nach Einheit und Verschmelzung zugleich die Angst vor dem Tode aktiviert. Die Möglichkeit der Verschmelzung schließt die Anerkennung des Todes ein. Doch fehlt uns in der Regel der Mut dazu, diesen Zusammenhang zu sehen und zu erkennen.

Im Liebesakt begegnen sich beide Geschlechter, um das Paradies wiederzufinden, um zur Ur-Harmonie zurückzukehren. Der Orgasmus als eine unwillkürliche Reaktion des Körpers, die nicht von der Vernunft gesteuert wird, kann nur dann zum Höhepunkt der sexuellen Begegnung werden, wenn wir uns den leiblichen Strömungen überlassen. Die Hingabe bedeutet ein Stück Tod des Individuums, die Überwindung des Persönlichen. In der verschmelzenden Vereinigung zweier Körper, in der das Trennende punktuell aufgehoben wird, entsteht neues Leben. So verdichtet sich im Orgasmus Tod und Leben, Sterben und Wiedergeburt zu einer existentiellen Grunderfahrung des Menschen. Sexualität in diesem Sinne kann zur tiefsten Quelle der Erkenntnis werden.

Im Geschlechtsakt erlebt der Mann die Koppelung von Sexualität, Geburt und Tod als die Grunderfahrung der tödlichen Umklammerung in der weiblichen Scheide und der orgastischen Befreiung im Geburtsvorgang unmittelbar wieder. Sie ist die Wurzel für seine Angst, im Eindringen in die Scheide an den Ort zurückkehren zu müssen, dem er gerade noch entronnen ist. Die Unbegrenztheit der frühen Mutter verknüpft sich mit der Unersättlichkeit der sexuellen weiblichen Potenz zu der Bedrohung, im Liebsakt von ihr aufgesogen und vernichtet zu werden, wenn er ihre Macht nicht begrenzt und ihre sexuellen Impulse eindämmt.

In der sexuellen Begegnung, als Medium der Lust, können wir den Leib als Quelle tiefer Freude, erregender Ströme, als Berührung mit dem Animalischen, Natürlichen erfahren. Aus Angst vor der tödlichen Bedrohung des Leibes, seiner Endgültigkeit wird dieser positive Aspekt jedoch abgespalten, verdrängt oder abgewertet. Die Unfähigkeit, die Sterblichkeit anzuerkennen, läßt die mit dem Fleische verbundenen Gegensätze von Liebe und Haß, die wir ihm gegenüber empfinden, unversöhnt. Sie schneidet uns ab von den positiven Aspekten, indem wir das Fleisch der Vernunft unterordnen, es verabscheuen, uns vor ihm ekeln. Diese Abwertung wird der Frau als Repräsentantin des Fleisches angelastet und führt zu ihrer eigenen Erniedrigung, da ihr Besitz: das Fleisch, nur in schamvoller Verschwiegenheit genossen werden kann.

Die Unversöhnlichkeit zeigt sich in dem angebeteten nackten, sinnlichen Leib, der in der Kunst zum Symbol menschlicher Würde wird wie in ihrer Erniedrigung in der Peep-Show, auf den Werbeplakaten, in Vergewaltigungen, in der organisierten Sprachlosigkeit pornographischer Exzesse, selbst in der geschlechtlichen Begegnung, der etwas Schamvolles, Sündiges anhaftet. Ihre Verfügbarkeit als Zielscheibe von Liebe und Haß verewigt die Unfähigkeit, die Vergänglichkeit des Leibes anzunehmen. Sie, die die erste Begegnung mit dem Leibe formt, wird zum Symbol des Niedrigen, Unwürdigen, zur "schmutzigen Göttin" (Dinnerstein), während er das Reine, Rationale, Unbefleckte verkörpert.

In romantischer Verklärung wird ihre Sündhaftigkeit gereinigt durch die Koppelung von Lust und Schmerz, Liebe und Leiden. Der Tod wird scheinbar überwunden durch die Erfüllung der Sehnsucht im Liebstod, die der unerreichbaren Mutter, der unerfüllbaren Liebe dargebracht wird. Die Vereinigung kann nicht von dieser Welt sein. Zu sehr ist sie an die Vergänglichkeit des Fleisches gebunden, an die die geschlechtliche Begegnung schamhaft und erschreckend zugleich erinnert.

Die ideelle Liebe erhebt sich durch ihre Nähe zum Tode, zum Jenseits über die fleischliche Vereinigung. Sie findet ihre ewige Erfüllung im Tod. Mit dem täglichen Kleinkram braucht sie sich nicht aufzuhalten.

Die romantische Verklärung der reinen, sich im Tode verwirklichenden Liebe und Leidenschaft zieht sich durch die Jahrtausende in unterschiedlichem Gewand (erinnert sei an die Minne des 13. Jahrhunderts, an Romeo und Julia, an Batailles Werke). Sie begleitet die Aufteilung der Frau in die

Jungfrau Maria und die sündige Eva, die Aufteilung der geschlechtlichen Begegnung in die reine Liebe und die schmutzige Sexualität, die mit ihrem Leibe verbunden ist. In der romantischen Verklärung büßt er für die eigene sexuelle Lust, bannt die Schuldgefühle, die aus der christlichen Verdammung der fleischlichen Lust stammen.

Diese Verdammung hatte ihren positiven Kern zu jener Zeit in der Brutalität, der Gewalt, der Bestialität, mit denen der Mensch-Mann seine Interessen durchsetzte. Sie war das Zugeständnis an seine animalische Natur, die noch nicht durch menschliche Empathie, durch Verständnis für die inneren Motive des Menschens geläutert war. Ohne eine äußere bindende Kraft (wie sie die Kirche darstellte) war die Gefahr, daß diese machtvolle Energie in destruktiver Weise gebraucht würde, sehr viel größer als heute. In den Berichten über schwarze Messen und sadistische Praktiken (Sade, Bataille) scheint etwas auf von der Gewalt, in die sich die positive Lebenskraft der Sexualität wandeln kann, wenn sie gebunden bleibt an Destruktivität, Haß, Grausamkeit, aus der die Schuld sich nur noch in romantische Todessehnsüchte flüchten kann.

Die Einbindung der Sexualität in den Schuld-Sühne-Komplex heute sagt mehr aus über ihre psychologischen Hintergründe als über die gesellschaftliche Notwendigkeit, diese Kraft in kontrollierte Bahnen zu lenken wie zur Zeit des Mittelalters. Die Freisetzung der sexuellen Energie bringt unweigerlich die eigene verhüllte Negativität ans Tageslicht, die verkrümmten Wege, die ihre Unterdrückung eingeschlagen hat: sei es in den Phantasien oder in zerstörerischen Handlungen, in denen das eigene "Böse" am anderen Geschlecht gelebt wird bis hin zu seiner tödlichen Bedrohung oder Vernichtung (vgl. A. 11).

Die Unfähigkeit, die eigene Sterblichkeit zu akzeptieren, führt zur Abwertung des sterblichen Leibes; zur Kontrolle und Beherrschung der Repräsentantin dieser sterblichen Hülle: der Frau und ihrer sexuellen Impulsivität; zur Verdrängung oder Abspaltung männlicher sexueller Impulse.

Der Mensch-Mann konzentriert sich auf die Tat, die Unternehmung, die ihm Ersatz bietet für die

Unbeherrschbarkeit, letztliche Unkontrollierbarkeit der fleischlichen Existenz. Doch gemahnt ihn der Leib in Krankheiten, Erschöpfungen oder allein der schlichten Notwendigkeit genährt, gekeidet und im Schlaf erneuert zu werden an die Abhängigkeit der Vernunft von ihrer materiellen Basis. Überwinden kann er sie nur durch die geistige Kraft der Seele, nicht der Vernunft, durch "Ent-Bindung" von den Wünschen und Begierden des Leibes, nicht durch ihre Verdrängung und Abspaltung.

Der wahre Sieg über die Sterblichkeit des Leibes liegt in der Erkenntnis der Unsterblichkeit der Seele, des wahren Selbstes des Menschen. Das Selbst, der Kern unserer Persönlichkeit, tritt uns entgegen als leiblicher Kern. Es äußert sich in den spontanen Gesten, der Mimik, den unmittelbaren Prozessen des Leibes. So bedeutet die Abspaltung der leiblichen Prozesse zugleich einen Selbstverlust: die Entfernung von unseren biologisch-animalischen Gesetzmäßigkeiten.

Die Aneignung der leiblichen Prozesse hingegen weist den Weg zu der Quelle, die das verkörperte Selbst speist: die immaterielle Substanz der Seele. Die Erkenntnis des sterblichen, an den Körper gebundenen Selbstes des Menschen als Materialisierung einer seelisch-geistigen Energie wirft neues Licht auf Freuds Dualität von Libido: der in sexuelle Energie verwandelten spirituellen Energie, die zum Leben drängt und dem Todestrieb. Der Todestrieb erweist sich unter diesem Aspekt als der Lebenstrieb der Seele, die zurückkehren will zu ihrer Quelle, dem kosmischen Bewußtsein. Die Heimkehr der Seele bedeutet den Tod des Leibes, denn nur, wenn sie aus den körperlichen Fesseln befreit ist, kann sie einmünden in den Ozean des universalen Geistes. Ihre Wiedergeburt setzt den Tod der individuellen Existenz voraus. Dieser Tod muß nicht notwendigerweise physischer Natur sein. Er kann ebenso die "Ent-Bindung", die Ablösung von den leiblichen Trieben und Bedürfnissen bedeuten, die Befreiung aus den Zwängen sinnlicher Bedürfnisbefriedigung durch die Kraft des Bewußtseins, wie dies verschiedene Heilige zu verschiedenen Zeiten demonstriert haben.

Das Drängen der Seele nach Befreiung aus den körperlichen Fesseln muß der an den Leib gebundenen Psyche wie ein Todestrieb erscheinen. Er steht im Gegensatz zum Trieb der Libido, die sinnlichen Lüste zu befriedigen und Unlust zu vermeiden. Dabei bleibt es für die Libido gleichgültig, ob die individuelle Existenz durch den physischen Tod oder die "Ent-Bindung" vom Lustprinzip aufgehoben wird. Es ist in jedem Fall ihr Ende

Mit der Bindung an den Leib "vergißt" die Seele ihren Ursprung, ihre "kosmische" Heimat. Das verleiblichte Selbst erscheint dem Menschen als sein Kern. Die Mutter, die der verkörperten Seele als erste begegnet, wird zur primären Liebe. Das verlorene kosmische Paradies: die Einheit mit dem universalen Geist, die die individuelle Seele auf ihrem Weg durch die Geschichte der individuellen Körper aufgegeben hat und auf die sie zustrebt, wird zum verlorenen irdischen Paradies der Ur-Einheit mit der Mutter.

x Plato
(→ ähnlich Jahrhundertgeschichte, die Fromm aufnimmt)

5. Naturgewalt und Weiblichkeit

Im Begriff der "Mutter" Erde zeigt sich die Gleichsetzung von Weiblichkeit und Natur. Wie die Mutter ist die Erde nährende, lebensspendende Quelle, die sich jedoch trotz aller Bemühungen der menschlichen Kontrolle entzieht.

Wie die frühe Mutter bringt die Natur Gewitter und Hagelstürme, aber auch Sonnenschein, dicke Birnen und rote Beeren. In Erdbeben und Überschwemmungen demonstrieren die Naturgewalten ihre Kraft, die menschliches Leben auslöschen kann. Ihre lebensbedrohende Macht hat archaische Völker mit andächtigem Schauder erfüllt, den sie über Rituale zu binden suchten. Und auch in unserer Zeit haben sie von ihrem tiefgründigen Schrecken - trotz aller Aufklärung und des Wissens um die Naturgesetze - nichts eingebüßt.

In dieser Unmittelbarkeit und in ihrer existenziellen Unkontrollierbarkeit liegt eine Parallele der Natur zur erfahrenen mütterlichen Allmacht. Mütter sind in ihrer Leiblichkeit das erste Stück Natur, dem wir, Mann oder Frau, begegnen. Wie sie nährt und bedroht sie uns als Säugling, ist launisch und unberechenbar wie das Wetter, schenkt unerwarteten Genuß wie ein strahlender Sonnentag im Alltagsgrau, enttäuscht durch ihr Fernbleiben wie eine fehlgeschlagene Ernte. Wie die Natur ist sie unvollkommen. Trotz ihrer Fürsorge erleiden wir Bauchweh, frieren wir, langweilen uns.

Wir bringen ihr Dankbarkeit entgegen, aber auch zerstörerische Wut, wenn wir uns vernachlässigt fühlen. Wir bedienen uns ihrer, wie wir die Natur benutzen und beuten sie ebenso aus. Doch ist diese Ausbeutung ambivalent: die menschliche Gier, sie (Mutter und Natur) ganz für uns zu besitzen, sie leerzusaugen; der Impuls, unser Verlangen und die aus der Enttäuschung entstandene Wut an ihr ungehemmt auszuleben, werden eingedämmt durch die Angst, diese Quelle zu erschöpfen, wenn wir uns ihre Reichtümer hemmungslos aneignen. Wir gelten unsere Schuldgefühle ab durch Widergutmachungsgefühle, die die Habsucht in ihre Schranken weisen.

Das Ausmaß der Ausbeutung ist kulturellen Wandlungen unterworfen. In dem Maße, wie das technologische Wissen die Bedrohung: die "Rache" der "Mutter Natur" für ihre Ausbeutung scheinbar kalkulierbar machte, in dem Maße wurde die Ausbeutung hemmungsloser, habgieriger, gewalttätiger (vgl. A. 6). Die Vorstellung, sich für das zu bedanken, was sich der Mensch von der Natur nimmt - wie dies in archaischen Gesellschaften zum rituellen Verhaltenscodex gehörte - erscheint unserer Zeit wie ein sentimentaler Rest vergangener Epochen.

Zum Ausmaß und zur Art und Weise der Ausbeutung trägt wesentlich bei, daß Männer die Natur beherrschen: Männer, die stärker als die Frauen ihre frühkindliche Bindung an die Mutter leugnen, die Frauen verachten, kontrollieren und besitzen (vgl. A.2).

Daß Frauen sich von Männern verachten lassen, ist ihr Anteil an der Ausbeutung. Sie selber beteiligen sich nur selten direkt daran. Das Wissen um dasselbe gleichgeschlechtliche Schicksal hält ihre Gier, ihren Groll gegen die Mutter in Schach (ganz abgesehen davon, daß sie auch seltener über die öffentlichen Quellen verfügen, die zur Ausbeutung notwendig sind). Ihre symbiotische Beziehung zur Mutter verbindet sie auf einer tieferen emotionalen Ebene mit der "Mutter" Natur, an der sie sich nicht so ungeschminkt vergreifen, mit der sie menschliches Mitgefühl verbindet. Ausdruck dieser Verbundenheit sind sowohl der ökologische Feminismus wie das hohe Engagement von Frauen in der Ökologiebewegung. Ihn hingegen bindet dieses früh geformte Mitgefühl nicht im selben Maße. Was ihn an der Habgier hindert, ist eher die Besorgnis, die natürlichen Quellen zu erschöpfen und sich damit selber zu schaden.

Die Gleichsetzung von Mütterlichkeit und Natur ist ein menschliches Produkt, keine objektive Tatsache. Der Natur werden die gefühlsmäßigen Eigenschaften zugesprochen, die wir an der Mutter erfahren haben. In der Personifizierung (als "Mutter" Natur) erleben wir sie wie einen Quasi-Elternteil. Wir müssen uns nicht bewußt werden, wie unpersönlich die Natur in Wirklichkeit ist. Wir müssen uns nicht darauf einlassen, ihren Wesensgehalt zu ergründen, der eher auf gleichberechtigte Kooperation mit dem Menschen als unsere uneingeschränkte Versorgung ausgerichtet ist. Dafür wird die Mutter mit den Eigenschaften einer Naturgewalt ausgestattet, die sie halbmenschlich macht. Sie nimmt ihr die Subjektivität als begrenzter, empfindsamer, eigenständiger Mensch mit eigenen Interessen, Bedürfnissen und Notwendigkeiten.

Die Ausstattung der Natur mit menschlichen und der Mutter mit naturhaften Eigenschaften vermitteln die Idee, daß beide über unermeßliche Reichtümer verfügen, die sie uns lediglich aus Böswilligkeit, nicht aus Begrenztheit vorenthalten. Die Einsicht, daß die Quellen der Natur erschöpfbar sind, erwächst uns langsam, notgedrungen. Die Einsicht, daß Mütter Menschen sind, verwundbar, bewußt, handlungsfähig, reift mühsam heran, schafft größeren Widerstand.

Die Gründe liegen auch hier in den Erfahrungen der frühen Kindheit. Die Mutter ist der Urgrund, das Nicht-Ich, das unbegrenzte Selbst, aus dem heraus sich das Ich, das subjektive Selbst des einzelnen entwickelt. Als dieses allgemeine Unbegrenzte bleibt sie eine ständige Bedrohung für die Selbständigkeit des Individuums, wobei Jungen und Mädchen sie aufgrund ihrer andersartigen Bindung an sie und den Vater unterschiedlich erfahren.

Die Bindung der Tochter an sie läßt sie einerseits selber zu Quasi-Menschen, halb Es, halb Ich reifen. Auf der anderen Seite können sie aufgrund der langen Verbundenheit mit ihr in der Herausbildung des eigenen Ichs lernen, ihr auch ein Stück Eigenständigkeit zuzugestehen. Dem Jungen hingegen, der sich früh aus der mütterlichen Bindung entfernt, fällt es vermutlich schwerer, das Ich-Sein der Frau zu akzeptieren, sie zu einem Menschen mit eigenen Bedürfnissen und Nöten werden zu lassen. Er verbindet diese Qualität über den Vater mit seinem eigenen Geschlecht und behält das Mysterium der Frau vor. Tritt sie ihm als eigenständiges autonomes Wesen entgegen, so empfindet er ihre Bedrohung auf einer hilfloseren Stufe als die, die vom Manne kommt. Dies läßt die häufiger geäußerten Wünsche der Männer nach einer autonomen Frau (bzw. einer emanzipierten Frau) oft so supekt erscheinen.

Der lebensgeschichtliche Anteil am Mystifikationsprozeß liegt in der unmittelbaren Erfahrung des weibliches Leibes als Quelle der Lebenserhaltung. Der Akt des Stillens, Augen- und Hautkontakt, die das Überleben des Säuglings garantieren, verknüpfen sich als sinnliche Erfahrung mit ihren vorgeburtlichen biologischen Fähigkeiten, Leben in sich wachsen zu lassen. Ihre lebensspendende und lebenserhaltende Macht läßt sie zur Herrin über Leben und Tod werden. Die Mystik männlicher Zeugung, die ja nicht weniger geheimnisvoll und in der menschlichen Geschichte relativ spät im Zusammenhang mit der Entstehung patriarchaler Strukturen entdeckt worden ist, bleibt abstrakt. Wir wissen darum, doch erfahren wir den Vater nicht als leiblich Beteiligten, sondern in seiner sozialen Rolle und auch die zu einem Zeitpunk, wenn wir ihn als den "Anderen" schon begreifen können.

Das körperliche Band, daß sie neun Monate im Mutterleibe knüpft, bindet sie emotional stärker an das Kind als ihn an die soziale Verantwortung. Dafür basiert seine Entscheidung stärker auf Freiwilligkeit, einer bewußteren Entscheidung als ihre. Dies bedeutet auch, daß sie gefühlloser sein muß als er, wenn sie sich der Mutterschaft entzieht.

In dieser sinnlich-emotionalen Erfahrung bleibt sie auf einer ursprünglichen Ebene mit dem Leben verbunden, wird zum Garanten, zum Träger des Lebens wie in der matriarchalen Mystik der Erdgöttinnen, in denen Natur und Frau zu einer symbolischen Einheit verschmelzen.

Ihre leibliche Verbindung mit der lebensspendenden Geburt und in diesem Sinne auch mit der Natur als lebensgesetzlichem Prozeß, der sie zutiefst mit dem Menschlichen verbindet, wird aufgrund zweier Mechanismen im männlichen Mystifikationsprozeß gegen sie verwandt. Aus ihrer biologisch begründeten vorgeburtlichen Mutterschaft wird ihre sozial begründete nachgeburtliche Mutterschaft als naturwüchsiges Geschehen abgeleitet. Zugleich wird die magische Wirkung physischer Männlichkeit abgewertet. Doch ist sie ebenso im Naturgeschehen enthalten wie das weibliche Element: als Meer und Stürme, als Regen und als Sonne (die im Mythos männliche Lebensquellen darstellen), die die weibliche Erde befruchten; als das phallische Emporschießen von Bäumen und grünen Trieben (Dinnerstein).

Im Arrangement der Geschlechter wird die Frau zum Symbol für die Natur, das Mysterium des Lebens, das "Eshafte", Triebhafte, Unbegrenzte, Nicht-Soziale, als die sie vom Säugling erfahren wird. Der Vater rückt erst dann ins Blickfeld, wenn die Ich-Funktionen so weit gereift sind, daß das Kleinkind den "Anderen" als eigenständige und damit begrenzte Person wahrnehmen kann. So wird der Mann zum Symbol für die Realität, das Gesellschaftliche, das Menschsein, worauf das allgemeine Wörtchen "man" verweist, während die Frau Quasi-Mensch, Quasi-Person ist, halb Mensch, halb Natur wie im Bild der Meerjungfrau.

IV KULTURELLE BEWÄLTIGUNGSFORMEN DER HEIMLICHEN GLEICHUNG

6. Die patriarchal-bürgerliche Variante: Die Kontrolle der Natur, des Weibes, der Sexualität

Das Arrangement der Geschlechter ist kulturellen Wandlungen unterworfen, die durch die Entfaltung des menschlichen Bewußtseins und über sozio-ökonomische Entwicklungen hervorgerufen werden. Trotz aller Facetten ist das Arrangement durch ein patriarchal geformtes Grundverhältnis der Geschlechter zueinander gekennzeichnet. Das "Außen" wird zum Bereich des Mannes, während sie die "Innenwelt" repräsentiert im doppelten Sinn: die sinnlich-emotionale Welt im Menschen wie die Innenwelt des Hauses über die Haushaltsführung und die Erziehung der Kinder.

Dieses patriarchale Grundverhältnis erfahren wir in unseren derzeitigen kulturellen Leitbildern und Werten vor allem in der bürgerlich-kapitalistischen und technologisch-rationalen Variante; Spielarten, die zwei verschiedenen historischen Epochen entstammen: der Herausbildung der bürgerlich-kapitalistischen Ordnung aus der mittelalterlichen Agrargesellschaft im Zuge des 17. und 18. Jahrhunderts und der Weiterentwicklung dieser Gesellschaftsordnung zu unserem heutigen technologisch-rationalen System.

Geschichte wird von Subjekten gemacht, von "Ichen". Geschichte als Prozeß sozio-kultureller Wandlungen durch die Tat ist das Handlungsfeld des Mannes. Mit seinen Unternehmungen distanziert er sich von der weiblichen Allmacht und der Unbeherrschbarkeit der Naturgewalten. Über die Tat nährt er die Illusion, sich die Welt untertan machen zu können.

Die rapide wissenschaftliche und technologische Entwicklung zum Ausgang des 17. Jahrhunderts gibt ihm scheinbar dafür die Mittel an die Hand. Der Mensch beginnt, sich mit der rationalen Vernunft zu identifizieren. "Ich denke, also bin ich" (Descartes). Diese kalkulierende

Vernunft ermöglicht die Produktion nach zweckrationalen Kriterien: Die Organisation der Produktion und des Handels wird so gewinnbringend wie möglich gestaltet. Die neuen Organisationsformen fordern einzelne Individuen, die sich als getrennte, verantwortliche "Iche" begegnen und rechtlich Verträge abschließen können. Der kollektive Mensch des Mittelalters verwandelt sich zum einzelnen, gestaltenden, vernünftigen Individuum.

Frauen werden in den Innenbereich verwiesen. Sie sind zuständig für Haus und Hof, für Ernährung und Kinderaufzucht. Sie garantieren den Fortbestand des Menschengeschlechts, der die Geschichte erst ermöglicht.

Die Aufteilung der Welt in innen und außen begründet ein Herrschaftsverhältnis zwischen Männern und Frauen, das durch das Monopol der Kinderaufzucht in Frauenhänden jahrhundertelang, jahrtausendelang erhalten und erneuert wird. Die Asymmetrie, auf der dieses Herrschaftsverhältnis basiert, leitet sich nicht vorrangig aus der Arbeitsteilung zwischen der häuslichen Welt der Frauen und der öffentlich-sozialen Welt der Männer ab, sondern aus der unterschiedlichen Bewertung, die beiden Bereichen zukommt und die - gleichgültig, wie sich das Verhältnis zwischen beiden Bereichen konkret gestaltet - zulasten des Reproduktionsbereiches geht.

Die Ehe wird zum christlich-legitimierten Rahmen, in dem Frauen der Herrschaft des Mannes unterworfen und damit ihrer geschlechtsspezifischen Potenz beraubt, zumindest darin beschnitten werden. Das heilige Sakrament der Ehe garantiert die vaterrechtliche Erbfolge durch die Einschränkung der freien Sexualität für Frauen. Sie ist die Voraussetzung für die Umwandlung der mutterrechtlichen in eine vaterrechtliche Erbfolge, denn nur die Monogamie ermöglicht eine kontrollierbare Übersicht über die Väter. Mit der ökonomisch bedingten Möglichkeit, Besitz anzuhäufen, ist es nicht mehr gleichgültig, wer der Vater des Kindes ist, da dieser den Besitz garantiert, während in der matriarchalen Gesellschaftsform die Frau das Leben als solches garantiert.

Die Entmachtung der Frauen im Rahmen ökonomischer Veränderungen spiegelt sich wieder in patriarchaler Mystik und ihren Frauenbildern. Die Erdgöttinen der matriarchalen

Kultur, die in sich die Dualität von Leben und Tod, Fruchtbarkeit und Dürre, Kreation und Destruktion vereinen, werden aufgeteilt in die gute und die böse Göttin, die schwarze und die weiße Fee, Eva und Maria. Bei dieser Aufteilung verliert sie ihre Autonomie: Eva wird aus der Rippe Adams gewonnen. An die Stelle des fruchtbaren Mutterschoßes tritt der Phallus als Symbol von Macht und Herrschaft, an die Stelle der "grausamen, launischen, ausschweifenden" Göttinnen (Beauvoir) tritt in christlicher Variante Gottvater, strafend, doch gerecht, wenn die "Kinder Gottes" seine Gebote erfüllen und sich an die Ordnung halten, die er erschaffen hat. Die "Mutter" Kirche verwaltet diese Ordnung für ihn auf Erden.

Im Vergleich zur Willkürherrschaft der Göttinnen, zur unbegrenzten Allmacht der frühen Mutter scheint die begrenzte, geregelte väterliche Autorität (Gottvaters wie des Mannes) das kleinere Übel. Seine Macht wirkt wie eine Zufluchtsstätte vor der mütterlichen "Willkürherrschaft", allerdings um den Preis des Verlustes an Lebensfreude, Spontaneität und Vitalität. Seine Autorität ist legitimer, da begrenzter, während der weiblichen Autorität etwas ruchbares anhaftet, gegen die sich beide Geschlechter zur Wehr setzen.

Für das vernunftbegabte Wesen "Mann-Mensch" der Aufklärung ist die kollektive Ordnung der katholischen Kirche mit Gottvater als Präsident ein Hindernis des wirtschaftlichen und technologischen Fortschritts. Nicht autoritärer Gehorsam, sondern innere Gewissensbildung, nicht Konsumorientierung, sondern Investion des Gewinns, nicht karitative Mitmenschlichkeit, sondern asketisches Leben, Leistung und Selbstdisziplin: die Werte der protestantischen Ethik fordern und legitimieren die Anhäufung von Kapital im Bürgertum. Derjenige, der es zu Wohlstand bringt, erwirbt Gottes Wohlgefallen, nicht derjenige, der sich Gottes Gesetzen und den Gesetzen der Kirche beugt.

Der Mensch selber greift zur Göttlichkeit, schwingt sich auf zum Beherrscher der Natur. Ihr will er ihre Geheimnisse entreißen und sie zur Sklavin machen. Die Wissenschaft gerät in den Dienst der Durchdringung, Beherrrschung und Kontrolle der Natur.

Doch ist er sich dieser Machtvollkommenheit nicht gewiß. Er wirkt eher wie ein noch unsicheres Kind, das nicht weiß, ob es sich mit solch einem Schritt die göttliche Rache zuzieht als wie ein in die Freiheit strebender, verantwortlicher, sich seiner selbst bewußter Mensch.

Das schlechte Gewissen über den "Griff nach den Sternen", die Angst vor der göttlichen Rache wird zu einem mächtigen Motor der Entwicklung und des Fortschritts. Sie zwingt zur intellektuellen Beherrschung der Welt, die eine Reflektion über die Notwendigkeit nicht mehr zuläßt.

Doch nicht nur die äußere Natur muß der Mensch-Mann kontrollieren, sondern auch die innere: das Dunkle, Naturhafte, Eshafte, das mit dem Weiblichen verbunden ist.

Die Frau als Repräsentantin des Bösen bleibt eine stets drohende Ermahnung und Erinnerung an die eigene dunkle Natur, die abgewehrt werden muß bis hin zu tödlicher Verfolgung in den Hexenprozessen des Mittelalters. Als Hexen werden vor allem die Frauen bekämpft und aus dem sozialen Gefüge ausgeschlossen, die sich eigenes weibliches Wissen anmaßten (wie die Hebammen) oder sich der institutionalisierten Bändigung des Bösen in Form der Ehe widersetzten.

Die Tatsache der Verfolgung von Frauen in den Hexenprozessen weist darauf hin, daß die Bändigung des "bösen" Weiblichen in der agrarisch-bäuerlichen Gesellschaft in viel stärkerem Maße einer äußeren Gewalt bedurfte als in der kapitalistisch-patriarchalen. Ihre gleichberechtigte Stellung im Reproduktionsbereich erlaubte ihr eine gewisse Freizügigkeit, die ökonomischen Bedingungen hießen auch ein uneheliches Kind willkommen, und das geneigte Ohr der Kirche sicherte Absolution für das schwache Fleisch zu, sofern es reuig war.

Um die Gefährlichkeit der Frau als "innere Natur" zu bannen, genügt die mittelalterliche romantische Verklärung der Jungfrau Maria nicht. Sie wird domestiziert, zur sittlichen Ehefrau und Mutter umgewandelt, die unter die Vorherrschaft des Mannes gerät. So wird aus dem ökonomisch bedingten arbeitsteiligen Prozeß zwischen Mann und Frau in der mittelalterlichen Agrarordnung ein patriarchal-bürgerliches Herrschaftsverhältnis, dessen krassester Ausdruck die Gewalt in der Beziehung zwischen Mann und Frau ist.

Gewalt als Mittel der Herrschaftssicherung des Mannes hat Tradition. Schon in den Hochzeitszeremonien früher Kulturen finden sich Rituale, die seinen Herrschaftsanspruch dokumentieren. Ihm wird symbolisch eine Peitsche überreicht oder er gibt der Braut eine Ohrfeige oder schlägt sie zum Schein.

Die christlich-katholische Kirche macht den Mann zum Verwalter der weiblichen Seele. Sie empfiehlt ihm, zum Stock zu greifen,

> ..."aber nicht im Zorn, sondern aus Sorge um ihre Seele, sodaß die Prügel dir zur Tugend und ihr zum Guten gereichen" (Mönch Cherubina de Siena, 15. Jh., zit nach Benard/Schlaffer, 1978, S. 19)

Der Staat legitimiert die Ungleichstellung der Frau bis zum Ende des 19. Jahrhunderts. Winter berichtet in einem Buch von 1892, daß es lange Zeit englisches Gewohnheitsrecht war, daß ein Mann seine Frau schlagen durfte, wenn der Stock nicht dicker war als sein Daumen. Bis 1809 durfte der Entenstuhl benutzt werden, in dem zänkische Frauen wiederholt in einen Teich oder Fluß getaucht wurden.

Seinen rechtlichen Ausdruck fand diese Einstellung im napoleanischen Gesetz, nach dem Frauen weder erben, wählen, ihren Gatten verklagen noch Verträge abschließen durften; bis 1900 besaß der Mann im bayrischen Landrecht das eheliche Züchtigungsrecht und nach der angelsächsischen Rechtsprechung konnten Männer ihre Ehefrauen in psychiatrische Anstalten einweisen lassen.

Die mittelalterliche Ehe hat den Charakter eines Schutz- und Gewaltverhältnisses, in dem sie die Gewaltunterworfene ist. Seiner Pflicht obliegt es, dieses Gewaltverhältnis in der Ehe aufrechzuerhalten. Nimmt er diese Pflicht nicht war, muß er selber mit Sanktionen rechnen. Dieses Gewaltverhältnis ist daher keine Privatangelegenheit, sondern öffentlich - männliches

Interesse. Seine Gewalt dient der Stabilisierung der patriarchalen Ordnung.

Dieses Gewaltverhältnis verändert unter kapitalistisch - bürgerlichen Verhältnissen seine Form, aber nicht die grundlegende Struktur. Die Unauflöslichkeit der Ehe bindet die Frau an die Gnade und das Wohlwollen des Mannes und verpflichtet sie zum Gehorsam ihm gegenüber. Ihn stattet sie mit ihrer Kraft, ihrer Potenz aus. Die bürgerliche Gesellschaft bietet ihr dafür im öffentlichen Rahmen kein Handlungsfeld an. In der klaren Rollenaufteilung der bürgerlichen Familie, in der sie als Chefin des Haushaltes seine Gäste ebenso standesgemäß bewirtet wie sie für eine leistungsfähige und gut verheiratbare Nachkommenschaft sorgt, wird sie zu der zentralen Instanz, die die protestantisch legitimierten, ökonomisch geforderten Werte des Triebverzichts an die Söhne und Töchter weitergibt.

Das heilige Sakrament der Ehe bindet ihr sexuelles Vergnügen an die Fortpflanzung. Ihre Keuschheit garantiert die Vermehrung des Besitzes. Sie ist Geld wert. Die jungfräuliche Reinheit ist das Kapital, das sie in die Ehe einzubringen hat, die Ehe, auf die sie als ihren Lebensunterhalt angewiesen ist. Über die Ehe macht sie ihre Karriere, indem sie sich gut verheiratet. Das Wissen um das Schicksal "gefallener" Mädchen: Mädchen, die in den Schmutz der Sexualität gefallen sind, hütet ihre Keuschheit gesellschaftlich. Ein uneheliches Kind bedeutet ihr gesellschaftliches Ende, wie zahlreiche Dramen jener Zeit: das bürgerliche Trauerspiel, ihr warnend verkünden. Die äußere Gewalt des Mitttelalters weicht der subtilen inneren Kontrolle.

Die Weiblichkeit, der Inbegriff des Sündigen, findet ihren symbolischen Ausdruck in Eva, die in unheiliger Allianz mit der Schlange den Menschen aus dem Paradies vertreibt. Daß dieser Verrat dem Menschen zur Erkenntnis, zur Individualität verhilft, die bürgerlich-kapitalistische Gesellschaftsordnung erst ermöglicht, tröstet nicht. Im Gegenteil: da diese Erkenntnis das Wissen um die Sterblichkeit bedeutet, wird ihr diese Fähigkeit als zusätzliche Bösartigkeit angelastet. Für diesen kollektiv zu verantwortenden Sündenfall ist sie bereit, die Weiblichkeit der Dame ohne Unterleib zu opfern: dem Bild der reinen, keuschen Jungfrau Maria, die ihm seinen Sohn gebiert, empfangen, ohne den Prozeß der sündigen Liebe zu durchschreiten. Für den Preis der Aufgabe ihrer sinnlichen Lust wird sie in Identifikation mit der mütterlichen Seite des Mutter-Tochter-Verhältnisses durch die Macht im Hause "entschädigt".

Ihre "innere" Macht und die ökonomisch legitimierte Autorität des Vaters, die für den Sohn im Handwerksbetrieb und im kaufmännischen Unternehmen noch sinnlich erfahrbar ist, gestalten die oedipale Situation im Sinne Freuds. Sexuelles Verlangen nach dem gegengeschlechtlichen Elternteil und Angst und Feindseligkeit gegenüber beiden Eltern prägen sie. Im strengen puritanischen Ordnungsgefüge muß der Sohn lernen, die Lust des Leibes gegen die Belohnungen, die die Unterwerfung unter den elterlichen (meist mütterlichen) Willen mit sich bringen, abzuwägen. Er muß sich mit Konfliktsituationen auseinandersetzen und sie bewältigen. So bildet er im besten Falle das bürgerlich-rechtlich verantwortliche Ich aus: leistungsfähig, realitätsgerecht, fähig, die unmittelbare Lustbefriedigung zugunsten späterer Freuden aufzuschieben.

Im ungünstigen Fall beißt ihn eine innere Stimme, die die freudvollen Seiten des Lebens verpönt, mißachtet oder verbietet. Pflichterfüllung wird zum Inhalt des Lebens. Die Unterwerfung unter den mütterlichen Willen setzt sich fort in der Unterwerfung unter den staatlichen Willen, an den er seine männliche Vormachtstellung delegiert. Die Koppelung von Staat und Ehe erlauben das Wiedererleben der oedipalen Konfliktsituation: in der kindlichen Unterwerfung unter den Staat kann er die mütterliche Beziehung wiederherstellen, ohne in die Hilflosigkeit der Säuglingszeit zurückkehren zu müssen. Im Gegenteil: aus der Identifikation mit dem "Vater" Staat kann er selber noch seinen Selbstwertzuwachs ziehen.

Die Freuden, die der Anrüchigkeit bezichtigt werden, sind fleischlicher (die Lust an der Beherrschung der Ausscheidungsfunktionen und die Lust an der Kraft genitaler Betätigung) und sozialer Natur (das sexuelle Begehren der Mutter, das ihn in Rivalität zum Vater bringt). Der in der Familie leibhaftig gewordene Gottvater verkörpert in der Regel eine überzeugende Kastrationsdrohung. Der Junge entgeht ihr dadurch, daß er sein sexuelles Bgehren aufgibt. Er leitet diese vitale Energie um in

Leistungsstreben, um zumindest auf dieser Ebene den Vater im Kampf um Macht,Herrschaft und Fortschritt zu überflügeln (was durchaus im Sinne der bürgerlichen Ökonomie ist).

Die kindliche Lust an der Betätigung und Beherrschung fleischlicher Fähigkeiten berührt einen Bereich, der der Wertung des Unaussprechlichen unterworfen ist. Er stößt auf den harten, entschiedenen Willen der Mutter, ihn einer geregelten Kontrolle zu unterziehen. Die Freuden, die der Kleine seiner Mama mit einem regelmäßigen AA machen kann, beflügeln ihn ebenso wie ihre strafende Miene, wenn er seinen Unterleib nicht im Griff hat: diesen Teil des Körpers, der damit zum Sündenpfuhl des Unberechenbaren und Unkontrollierbaren wird. Seine Genugtuung darüber, seine Triebe im Sinne der mütterlichen Belohnung meistern zu können, überflügelt die Lust an ihrer Betätigung, stärker noch: unter der Maßregel der Reinlichkeit fallen sie der Verdrängung anheim und kehren, wie alles Verdrängte, in verkrümmter Form wieder: als pedantische Ordentlichkeit, Geiz und übertriebene Pünktlichkeit, als Abscheu und Ekel gegenüber seinen Exkrementen und in einem zwanghaften Kontrollbedürfnis gegenüber dem lustvollen Verlangen des Fleisches.

Der schamhafte Umgang mit dem Leibe trifft beide Geschlechter gleichermaßen. Er läßt die fleischliche Lust in der geschlechtlichen Begegnung verkümmern zu einer ehelichen Pflichterfüllung, die im dunklen Schlafzimmer unter der geschlossenen Bettdecke stattfindet. Die Sprengkraft der Erotik wird dem Eheritual geopfert, so wie es die puritanische Moral Luthers vorgibt: "in der Woche zween". Die Lust an der Berührung, die Lust des Betrachtens, Schauens, Gesehenwerdens beschwört die Gefahr herauf, von den dunklen Trieben überwältigt zu werden. Die Gestalt des Weibes erinnert an das verdrängte, sinnliche Begehren der Mutter, damit aber zugleich an die Gefahr des Verlustes der eigenen Männlichkeit. In der Koppelung mit Leistung, in die die sexuelle Energie unter dem Druck der Mutter wie des Vaters umgeleitet wird, wird die Manneskraft, die Potenz selber zum Vermögen, Ausdruck sinnlicher Stärke und Vormachtstellung, die er demonstrieren oder mit der geizen kann, indem er "sein Pulver nicht unter Wert verschießt".

Gelingt der Triebverzicht nicht so ungebrochen, so bleibt ihm neben der domestizierten Jungfrau Maria die sündige Eva, die zur verworfenen Hure des viktorianischen Zeitalters gerinnt. Er kann an beiden Seiten der Frau teilhaben: die eigenen Ängste im Schutze der reinen, auf Fortpflanzung bedachten Sittlichkeit mit der Ehefrau bannen und doch zugleich der Faszination des Sündig-Sexuellen in den begrenzten nächtlichen Episoden der Separees erliegen.

Die Doppelmoral trifft sie stärker als ihn: während er sich von den abhängig arbeitenden Zimmermädchen des bürgerlichen Haushaltes in die Geheimnisse der Sexualität einweisen lassen kann, schenkt sie ihm ihre Jungfräulichkeit als Eintrittskarte für den Ehe-"Stand". Ihre Verpflichtung als sittliche Ehefrau und Mutter verwehrt ihr das Erleben eigener erotischer Impulse, die Entfaltung der eigenen weiblichen Potenz. Zugleich trifft die kulturell sanktionierte Abwertung weiblicher Lust durch die Männerherrschaft sie im Kern ihres Selbstwertes: der Überzeugung, daß physischen Bedürfnisse den geistigen unterlegen seien.

Sie unterwirft sich der Sexualunterdrückung, doch nicht als Ergebnis sublimierter Triebenergien im Kampf mit der Mutter um den Vater, sondern als Geschenk an die Mutter: an die leibliche als Sühne für die Hinwendung zum Vater, an die kollektive zum Ausgleich für die Kollektivschuld des Sündenfalls, zum Beweis ihrer Unschuld. Zugleich bindet sie damit seine Ängste vor ihrer Impulsivität und ihrer Potenz (vgl. A. 3)

Doch wehrt sie sich andererseits gegen die Entmachtung und Entweiblichung durch ihre "Geheimwaffen" der Hysterie und Frigidität, deren Tragik darin liegt, daß sie "unbewußte" Waffen sind, die gegen sie selber zurückschlagen. Mit ihrer Hilfe versucht sie, ihre Ansprüche und Wünsche gegen die übermächtige Männerwelt durchzusetzen und sich zugleich an ihr zu rächen. Ihren Gefühlsausbrüchen, ihrem irrationalen, undurchschaubaren, unlogischen Verhalten ist er mit seinen Mitteln der Ratio und Logik nicht gewachsen. Sie bestätigen ihn in seiner Angst vor diesem Gefühlschaos, das man in ihrer Gestalt unter Kontrolle halten muß. Gegen die zur ehelichen Pflicht herabgewürdigte Sexualität wehrt sie sich durch Frigidität und/oder sexuelle Verweigerung, was seine Urängste anspricht, von der Quelle der Lust ausgeschlossen zu sein. Doch ist ihre Waffe insofern wirkungslos, als er sich an den Huren den weiblichen Quell erschließen kann. Aufgrund der im zweiten Abschnitt genannten Bedingungen seiner körperlichen Lust ist er von ihrer Emotionalität unabhängig. Im Gegenteil: diese erinnert ihn eher an die Bedrohungen der frühen oedipalen Kindheit, die er in der Solidarität mit der Männergemeinschaft überwunden glaubte.

Dieses eheliche Gewaltverhältnis, das auf der inneren Zustimmung beider Beteiligten gründete und über innere Kontrollinstanzen aufrechterhalten wurde, hat heute seine äußere Form verändert. Die Innenlenkung hat sich gewandelt zu einer Außenlenkung, die allerdings nicht mehr die sichtbaren, brutalen Züge mittelalterlich-patriarchaler Gewaltverhältnisse trägt, sondern die subtilen Züge einer Massensteuerung.

Die Massenmedien sorgen für die Gleichschaltung der Normen. Vorurteile und Selbstbeschränkungen lassen unmittelbare Gewalt in der Regel antiquiert erscheinen. Dort wo sie geschieht - wie in der ehelichen Gewalt gegen Frauen - gilt sie als Privatangelegenheit, als persönliche Entgleisung. Doch verrät das plötzlich aufscheinende Lachen im Gesicht mancher Männer ihr geheimes Einverständnis, die Herkunft dieser Gewalt aus dem Reservoir der männlichen Solidargemeinschaft (vgl. A. 11).

Historisch läßt sich - entgegen dem egalitären Schein - eine Entmachtung der Frauen im privaten Bereich feststellen, die an dem grundsätzlichen Herrschaftsverhältnis nicht rüttelt. Von der gleichberechtigten Partnerin der mittelalterlichen Agrargesellschaft, in der sie neben der Kinderaufzucht Haus und Hof versorgte und damit teilweise an der Produktion teilnahm, wird sie in der bürgerlich - kapitalistischen Ordnung ins Haus verbannt und mit der verantwortlichen Aufgabe der Leitung eines großbürgerlichen Haushaltes betreut. Schließlich wird ihre Aufgabe auf die Kinderaufzucht reduziert.

An diesem grundsätzlichen Verhältnis ändert die Eingliederung der Frau in den Arbeitsprozeß nichts. Sie bleibt weiterhin verantwortlich für die "Beziehungsarbeit": die Aufzucht der Kinder, die emotionale Stütze des Mannes, die sie zusätzlich zu den Belastungen des Arbeitsprozesses zu leisten hat. Ihr sozialer Status wird wie eh und je über den Mann definiert. Unter dem Mantel der formalen Gleichstellung der Geschlechter, in dem Anspruch an gemeinsame Entscheidungskompetenz setzt sich die patriarchale Struktur in der Mittelschicht darin durch, daß der Mann in die Bereiche eingreift, die traditionellerweise der Frau vorbehalten sind (wie in der Beteiligung des Mannes an der Erziehung der Kinder), ohne daß sie sich in entsprechender Weise in die Geschichtsgestaltung einschaltet. In der Unterschicht dagegen behaupten die Frauen in einer klareren Rollenteilung ihren Kompetenzbereich. Ansätze zu einer "synergetischen"* Machtstruktur, in der beide gleichberechtigt entscheiden, sind eher die Ausnahme.

Die Gründe für den Ausschluß aus dem öffentlichen Leben liegen nicht nur im Herrschaftsanspruch des Mannes. Auch die Frauen profitieren davon, passiv an der Freiheit und Verantwortung der Geschichtsgestaltung teilzuhaben, ohne die Risiken tragen zu müssen.

Als Beraterin, Dienerin und Göttin kann sie die Verehrung des Mannes genießen, ohne für das Scheitern, Mißlingen offiziell verantwortlich zu sein. Sie kann sich darauf beschränken, teils amüsiert, teils schockiert dem kindlichen Machtspiel des Mannes zuzusehen, mit dem er seine Leere verdeckt, die aus der Verleugnung der eigenen menschlichen Natur herrührt. In der passiven Teilnahme kann sie sich ihre Wünsche erhalten und ihre Lebendigkeit seinem entleerten Aktivismus engegensetzen. Doch wird sie von den Folgen seiner Handlungen heute im selben Maße getroffen wie er, wenn es um die Zerstörung des menschlichen Lebens als Gattungswesen geht. Ihre

------

*Synergie: *"Prinzip der gegenseitigen Unterstützung vom Teil und dem Ganzen, wobei das Ganze größer ist als die Summe seiner Teile, aber weder der Teil noch das Ganze zum Schaden des anderen wächst oder sich ausdrückt." (Satin, 1978)*

Funktion als Bewahrerin des Lebens, als Herrscherin über Leben und Tod läßt ihre Außenseiterrolle in der Gestaltung menschlicher Geschichte heute prekär erscheinen.

Ein zweites Motiv liegt in der Mutterschaft, für die die Frau dem Mann als Ausgleich die Geschichtsgestaltung überläßt.

In den archaischen Strukturen ermöglichte ihr die Rollenaufteilung die Verbindung zu anderen Müttern. In ihrer Beschränkung auf die Mutterrolle konnte sie den inneren Reichtum mit anderen Gleichgesinnten teilen, ihre homoerotischen Neigungen, die der ungelösten symbiotischen Beziehung zur Mutter entspringen, leben und in dieser Verbindung ihre innere Macht entfalten.

Diese Macht ist angesichts der "vaterlosen" Gesellschaft: des Verfalls der väterlichen Autorität, seiner zunehmenden Distanz, seiner geringen Verfügbarkeit und der Ausschließlichkeit der "einen", "einzigen" weiblichen Person "Mutter" exklusiver, unumgänglicher, tiefgreifender, langandauernder als in früheren Epochen. Das Kind kann heute nicht mehr so leicht für Enttäuschungen und Übergriffe durch die Mutter bei anderen weiblichen Mitgliedern der Großfamilie Trost finden oder sich mithilfe der Väter von der mütterlichen Allmacht distanzieren.

Die Ablösung der weiblichen Willkür des Matriarchats durch die männliche Herrschaft des Patriarchats gestattet die Kontinuität der frühkindlichen Gefühle der Abhängigkeit und Unterwürfigkeit. Sie garantiert den Schutz einer unangreifbaren Autorität, die heute in Ermangelung der sinnlich erfahrbaren Autorität des Vaters auf gesellschaftliche Institutionen (Arbeitgeber, der Schoß der "Mutter Kirche" oder die von den Medien vermittelten Leitbilder von Männlichkeit) verlagert ist.

Diese Bedürfnisse hatten durchaus eine realistische Grundlage in den realen Abhängigkeiten des Menschen von den undurchschaubaren Kräften der Natur und den ökonomisch bedingten Notwendigkeiten der Arbeitsteilung bis zu Beginn der Neuzeit. Ihre Fortsetzung heute sagt mehr aus über die zugrundeliegenden psychologischen als ökonomischen Beweggründe. Die Aufhebung der Männerherrschaft als Befreiung aus den Fesseln der

Kindheit, das "Erwachsenwerden" bedeutet die Übernahme der vollen Verantwortung für das eigene Leben, die Anerkennung der Begrenztheit dieses Lebens und die Akzeptanz der Isoliertheit, die Erwachsensein - zumindest erst einmal - bedeutet. Und offensichtlich mißtrauen wir unseren Fähigkeiten in dieser Richtung, befürchten, in die Herrschaft der frühen Mutter zurückzusinken, wenn wir den Schutz der Männerherrschaft aufgeben.

7. Die technologisch-rationale Variante: Die Abspaltung des Leibes, des Weibes, der Sexualität

Die Identifikation des Mannes mit dem rationalen Prinzip und die scheinbare Machbarkeit der Welt läuft einher mit der Abspaltung der konkreten sinnlichen Bedürfnisse, die im Kampf um die Gleichheit der Geschlechter sowohl den Mann wie die Frau treffen und eine scheinbare Auflösung der heimlichen Gleichung signalisieren. Doch bedeutet die beschworene Auflösung nicht die Entwicklung des inneren Reichtums im Mann und die verantwortliche Beteiligung der Frau an der Geschichtsgestaltung, sondern viel eher die Einbeziehung der Frau in den Entfremdungsprozeß der männlichen Gesellschaft.

Entfremdung heißt: daß ich mir selber, der Natur, meiner Tätigkeit, dem anderen gegenüber fremd werde, daß ich den Bezug zu mir, meinem Selbst, meinem inneren Zentrum verloren habe. Entfremdung heißt: Anpassung an technisch-rationale Kritierien statt eigenem schöpferischem Handeln, heißt Stupidität. Entfremdung heißt: daß der Mensch verlernt, sein ganzes Wesen zu entfalten, in den verschiedenen Situationen wirklich "ergriffen", d.h. auch mit seinen seelisch und geistigen Gefühlen angesprochen zu sein. Entfremdung heißt: als aktives schöpferisches Wesen zu kapitulieren, innerlich leer zu werden. Entfremdung ist das Ergebnis der Ausklammerung des Todes, des sterblichen Fleisches.

Die Erfahrung des Leibes heißt Leiden, nicht weil der Körper diese Qualitäten in sich birgt - er ist neutral - sondern aufgrund der Bedeutungen, mit denen unser Bewußtsein ihn ausstattet. Wir identifizieren uns mit dem Leib als Basis unserer individuellen Existenz. Wir bestimmen ihn zum Austragungsort innerer Konflikte. Im Leiden erfahren wir uns selbst, begegnen den dunklen Seiten, die wir aus unserem Alltagsbewußtsein ausklammern. Die bewußte Annahme des Leidens gibt dem Leben Tiefe, Bedeutung und Sinn. Im Durchleben des Leidens können wir es überwinden, indem wir erkennen, daß unser wahres Selbst unabhängig ist von seiner materiellen

Basis, von den sinnlichen Wünschen und Begierden des Leibes, von denen wir die innere Erfüllung erwarten. Wenn wir uns ablösen können von seiner zwingenden Kraft, erfahren wir, daß unser Kern Liebe ist statt Haß, Enttäuschung und Resignation, Freude und Glück statt Leid und Sorgen, Ausdehnung und Weite statt Einengung und Angst, Erfüllung statt Mangel.

Wir erhoffen uns die positiven Werte des Lebens durch die Befriedigung der sinnlichen Gelüste und versuchen zugleich, den schmerzvollen Seiten dadurch zu entgehen, daß wir den Leib dem Geiste unterwerfen und ihn seiner tiefen sinnlich-emotionalen Qualitäten entkleiden. Die Art des Umgangs mit dem Körper hat zur Folge, daß der Leib nur umso effektiver in den Dunkelkammern unserer Existenz seine Macht entfaltet. Überwinden können wir nur, was wir uns zuvor bewußt angeeignet haben. "Ent-Binden" können wir nur das, was wir kennen, worüber wir Kontrolle haben.

Der Weg zur Befreiung des wahren Selbst führt über die Aufhebung der Bindung an den Leib, doch müssen wir zuvor diese Bindung in all ihren Aspekten erfahren und durchlitten haben. Stattdessen spalten wir die Fülle, die Vielfalt und die Tiefe unserer leiblichen Existenz von unserem Bewußtsein ab.

Im "Small Talk" der Partys, in Kommunikationstrainings überzeugen wir uns und den anderen davon, daß es uns gut geht. Die Ehe wird zur Fluchtburg vor der Einsamkeit. Die Langeweile zu zweit läßt die eigene Leere normal erscheinen. In der Oberflächlichkeit der Kontakte im Freizeitbereich suchen wir Schutz vor der inneren Isolation, suchen Begegnungen, ohne uns dem anderen öffnen, dem anderen begegnen zu müssen.

Fitness-Studios und Bodybuilding - Zentren, die wie Pilze aus dem Boden schießen, suggerieren eine zunehmende Beschäftigung mit dem Körper. Doch geht es dabei nicht um eine Versöhnung von Leib und Seele im Sinne des griechischen Leitideals des Altertums: MENS SANA IN CORPORE SANO (In einem gesunden Körper wohnt ein gesunder Geist), sondern um die Erfüllung eines neuen Schönheitsideals. Man(n) muß fit und gut durchtrainiert sein, um die Haut gewinnbringend zum Markte der Geschlechter tragen zu können. So dienen die Fitness-

Trainings, die Trimm-Dich-Pfade nicht der Entlastung der Organe, sondern der Körperkosmetik: der Muskelbildung an den richtigen Stellen.

Die Haut wird zum Ersatz der Seele, zum Beweis der eigenen Existenz: "Wenn ich schwitze, bin ich". Der Leib wird zum Zufluchtsort des Menschen. In seiner Beherrschung, im Kampf gegen ihn kann er sich spüren, sich "wirklich" fühlen. Die Suche nach "Sensationen": sinnlich-körperlichen Gefühlen, die die Leere kurzfristig füllen, halten ihn in Gang.

Der Leib verkümmert zum maschinellen Werkzeug der Vernunft. Seine Systeme, Funktionen werden überprüft, um die reibungslose Bewältigung des Alltags zu gewährleisten. In seiner Eigenwilligkeit, seiner Undurchschaubarkeit für den "normalen" Menschen ist er ein lästiges Vehikel, Gefängnis des menschlichen Geistes. Seine Anforderungen an Nahrung, Schlaf, Pflege, Hygiene lösen Unmut, Unwillen aus, erinnern sie doch an die Eigenständigkeit dessen, was wir dem Geiste untertan machen wollen.

Indem wir die Signale unseres Körpers bekämpfen, verlernen wir sie zu deuten und als Botschaften unserer Lebenswirklichkeit zu begreifen: als Reaktionen auf gestörte Zusammenhänge. Damit nehmen wir uns die Chance, unser Leben auf gesündere und befriedigendere Bedingungen hin zu verändern. Stattdessen nehmen wir kommentarlos die Entwertung unserer Nahrungsmittel hin. Wir versorgen unseren Leib mit Dosennahrung, Schnellimbissen, Süßigkeiten, Drogen (Kaffee, Medikamenten, Alkohol), die seine Funktionsfähigkeit untergraben. Wir stopfen uns voll mit Unverdaulichem. Und selbst wenn wir versuchen, uns gesund zu ernähren, entgehen wir nicht den Giftstoffen in der Luft und im Wasser, die das Energieniveau des Körpers schwächen.

Unter den täglichen Anspannungen, in denen Empfindsamkeiten nur den effektiven Ablauf stören, halten wir die Luft an, um unliebsame Gefühlsausbrüche zu verhindern. Damit reduzieren wir die Sauerstoffzufuhr, die für die Erneuerung des Zellgewebes lebensnotwendig ist. So schrumpfen und entarten die Zellen.

Wir blockieren die lebendige Energie, die nach außen zur Verwirklichung drängt. Wir unterdrücken unsere Bedürfnisse und Sehnsüchte aus Angst vor den Ablehnungen, Enttäuschungen und Verletzungen, die wir schon als Kinder erfahren haben. So staut sich die Energie in der Muskulatur, bildet einen Abwehrpanzer, führt zur Verdickung der Arterien und zu Gewebeschäden an den Organen.

Den Schmerzensschrei des Leibes ignorieren wir, indem wir ihn mit Medikamenten unterdrücken statt die Botschaften von Krankheiten zu entschlüsseln. Wir bekämpfen das Symptom statt die Ursache. So schwächen wir die Selbstheilungskräfte. Wir zerstören das Immunsystem, das den Kampf mit eindringenden Erregern den Medikamenten: Antibiotika überläßt, deren Wirkung bei übermäßigem Gebrauch nachläßt oder gar versagt.

Mit chronischen Krankheiten wie Herzinfarkt, Krebs, AIDS zahlen wir den Preis für unsere Ignoranz und Bequemlichkeit, für die Überbetonung der rationalen Seite des Lebens, für die Abspaltung der unerfüllten Sehnsüchte. Gehindert am Leben, macht sich die ins Schattendasein verbannte lebendige Energie daran, die eigene materielle Basis zu zerstören.

In diesen Krankheiten wird uns die Macht des Leibes bewußt, erfahren wir erneut unsere säuglingshafte Hilflosigkeit gegenüber dem mütterlichen Leib, die wir auf das Medizinsystem projizieren, das in diesem Falle zum Richter über Leben und Tod wird. Ihm fühlen wir uns genauso ausgeliefert wie der frühen Mutter.

Doch bezwingen wir den Tod heroisch durch Bergsteigen, Drachenfliegen, Autorennen, bei denen sich oft der Mut aus der abgewehrten Angst speist. Wir demonstrieren dem Tod unsere Verachtung durch das Spiel mit der kollektiven Bedrohung, dem atomaren Schreckgespenst, und wir zahlen unseren Tribut an ihn durch kollektive Selbstzerstörungstendenzen wie Selbstmord, Alkohol- und Medikamentenabhängigkeit.

Die Lebendiglkeit des Leibes, die Erregung verströmt sich an die Dinge und erstarrt dort zu erotischen Lustobjekten: dem liebevoll gesäuberten Wagen, dem modischen Look, dem teuren Heim. In dem Maße, wie die Dinge das Leben an sich ziehen, verstummen wir, verarmen wir gefühlsmäßig. Der Verlust der Leiblichkeit ist der Verlust unserer individuellen Einmaligkeit.

Das aus dem Korsett der bürgerlichen Gesellschaft ans Tageslicht gezerrte Fleisch wird zum Schauobjekt, zum Ding, zur Ware. Der Leib der Frau dient zur Käuferstimulation, aber nicht in der Lebendigkeit der konkreten Verlockung, sondern in seiner Sterilität als tote, warenästhetisch geformte Hülle. In dem erstarrten Lächeln, der Pose ist die Gefährlichkeit des Weibes gebannt. Der Schrecken der Erotik verkommt zur Seife.

In der Liberalisierung der Sechziger und Siebziger Jahre wird Sexualität verflacht zur Reizstimulation, zum Oberflächengenuß. Sie dient als Medium der Kontaktaufnahme, dessen forderndem Anspruch sich die Frauen "dank" der Pille kaum entziehen können. Sexualität wird zum Medium der Anerkennung und der Selbstbestätigung, zum Aushängeschild für aufgeklärte Menschen.

Der Reiz des neuen, die äußere Stimulation führen zu sexueller Erregung, nicht aber zur inneren sexuellen Bereitschaft. Die Gleichgültigkeit für das Wesen des(r) anderen läßt die sexuellen "Abläufe" schnell schal werden, degradiert sie zu sportlich-gymnastischen Betätigungen statt zur Fülle sinnlicher Lust. Der Partner wird verzichtbar, gibt es doch technische Hilfsmittel zur eigenen Lustbereitung. Die Suche nach neuer exotischer Stimulation läßt den Sex-Markt ebenso anschwellen wie den Gruppensex, der zumindest das voyeuristische Interesse befriedigt. So wird die früh erfahrene erotische Lust, die an die schmerzhafte Trennung, an die sterbliche Hülle erinnert, aus den Beziehungen zwischen Mann und Frau verbannt. Das Leiden am Fleische wird dadurch gelöst, daß beide Geschlechter tiefe menschliche Beziehungen umgehen, seelische und geistige Gefühle vermeiden und sich mit sinnlich-körperlicher Reizbefriedigung zufrieden geben.

Der Mann konzentriert stattdessen seine Ich-Stärke auf die Kontrolle triebmäßiger und intellektueller Energien, die er für den eigenen gesellschaftlichen Erfolg nutzt. Cleverness: Gescheitsein tritt an die Stelle von Mitgefühl,

Schuld und Furcht: Gefühle, die ihn nur hindern würden in der Ausschaltung des Gegners im gesellschaftlichen Konkurrenzkampf. Er weiß um die Qualität der Ware Arbeitskraft. Er weiß, wie er sie zu gestalten , zu verkaufen, an den Mann zu bringen hat.

Anders als der "innengeleitete" Hagestolz der bürgerlichen Gesellschaft des letzten Jahrhunderts, dessen Leistungspotential auf der Verdrängung, der Sublimierung der fleischlichen Lust basierte, ist er der "außengeleitete" Konsument, dessen Anpassungsfähigkeit an gesellschaftliche Werte aus der Abspaltung der tiefen Gefühle stammt.

Diese Abspaltung ist Produkt der Auflösung der väterlichen Autorität und der Alleinherrschaft der Mütter als einziger Quelle der Lust, der Auseinandersetzung und Formung der psychischen Struktur. Sie läßt ihre Macht ungeheuerlich werden, da der Vater als ausgleichender, sinnlich erfahrbarer Repräsentant der öffentlichen Welt auch für den Jungen nicht mehr greifbar ist. Über Phantasie und öffentliche Medien muß er sich abstrakt mit dem Bild von Männlichkeit identifizieren. Diese mediale Welt der Männlichkeit ist eine Scheinwirklichkeit, die seine eigenenen Erlebnismöglichkeiten reduziert und eine konkrete Auseinandersetzung mit seiner Lebensrealität verhindert. Er "läßt leben". Unter der Fassade männlicher Selbstherrlichkeit bleibt er abhängig, doch delegiert er seine Abhängigkeitsbedürfnisse an äußere Institutionen, die mit dem Emblem der Männlichkeit ausgestattet sind.

Er vermeidet tiefe emotionale Beziehungen, die negativ als weiblich und damit unmännlich abgestempelt sind. Damit entflieht er der verschlingenden Gefahr der prä-oedipalen sexualisierten Beziehung mit der Mutter, die in ihrem Sohn den "kleinen Mann" als Ersatz für den fehlenden Partner willkommen heißt. Doch führt die Abwertung der "weiblichen" Gefühle von Furcht, Scham, Mitgefühl, Schuld zu einer "Entmenschlichung" im eigenen Ich, zum "Hüllenmenschen", der sich der Eigenschaften entledigt, die ihn "menschlich" im tieferen Sinne des Wortes sein lassen.

So hört der Mensch auf, lebendiges menschliches Wesen zu sein und als solches zu reagieren. Doch wird er damit verfügbar für die Anforderungen des heutigen

Arbeitsmarktes. Sie zielen nicht mehr auf spezifische Fertigkeiten wie handwerkliches Können ab, sondern auf allgemeine Qualifikationen: Unterordungs- und Anpassungsfähigkeiten an schnell sich verändernde Normen.

Im Unterschied zum pflichtbewußten, asketischen Hagestolz des Bürgertums, für den das sündige Fleisch in der Auseinandersetzung mit dem oedipalen Vater untergeht, tritt das Fleisch als Quelle sexueller Begier gar nicht erst ins Bewußtsein. Er vernimmt mit Staunen, daß jemand seiner Triebe nicht Herr werden kann, da er sie schon zu einem Zeitpunkt abgespalten hat, als er sich ihrer Sprengkraft noch gar nicht bewußt sein konnte.

Die Frau, im Bürgertum noch die Verkörperung des Sündigen: eine stets drohende Ermahnung und Erinnerung an die eigene dunkle Natur, die abgewehrt, unterdrückt, verdrängt und in kontrollierenden Fesseln gehalten werden muß, wird ihm nicht zur Gefahr. Seine viel stärker auf Körperkontakt zielenden Bedürfnisse sind asexueller Natur, sind mit Männern wie Frauen befriedigbar.

Unter diesem Aspekt wird er unter der männlichen Fassade "weiblicher" im Sinne ähnlicher Abhängigkeits - strukturen, wie ich sie für Frauen in A. 2 skizziert habe. Der Geschlechtsunterschied wird ein äußerlicher: dem Jungen wird eine soziale Geschlechtsrollenidentifikation (das öffentliche Leitbild von Männlichkeit) angeboten, die dem Mädchen trotz aller formalen Gleichstellung faktisch nicht in derselben Weise offensteht. Aufgrund des Untergangs der väterlichen Autorität und der daraus resultierenden prä-oedipalen Bindung an die Mutter für beide Geschlechter treten beide heute gar nicht erst in den Geschlechterkampf ein, sondern bleiben brüderlich und schwesterlich verbunden.

V INDIVIDUELLE BEWÄLTIGUNGSFORMEN DER HEIMLICHEN GLEICHUNG

8. Weibliche Strategien: Zwischen Muttern und Weibchen

In den konkreten Lebensschicksalen modifizieren sich die allgemeinen Strukturen, die ich in den drei Kapiteln zuvor angesprochen habe. Unterschiedliche kulturelle Leitbilder, die verschiedenen historischen Epochen entstammen und heute nebeneinander wirksam sind wie lebensgeschichtliche Ereignisse verknüpfen sich zu einer Vielfalt individueller Lebensmuster.

Die mit dem Weibe, dem Leibe und der Sexualität für beide Geschlechter verbundene Sünde läßt sich durch unterschiedliche Strategien bannen. Sie werden Frauen als kulturelle Leitbilder angeboten und in den lebensgeschichtlichen Erfahrungen mit Müttern und Vätern erprobt. Die Identifikation mit der allmächtigen Mutter, die töchterliche Variante der Anbetung des Mannes oder die kumpelhafte Gleichheit der asexuellen Schwester stellen die markantesten Angebote für Frauen dar. Diese Rollen bewahren den Mann in seinem Alltagsleben vor der naturwüchsigen, weiblichen, verschlingenden und bedrohenden Kraft, die über das Inzestverbot neutralisiert ist. Der Faszination des Sündig-Weiblichen darf er sich dort ergeben, wo sie als ausgegrenzte Sünde seine Alltagswelt nicht gefährdet: im Halbdunkel der Unterwelt oder dort, wo sie seine männliche Überlegenheit nicht in Frage stellt: als Kind-Frau, als Lolita. Die literarische Verarbeitung dieses Themas zeigt jedoch auch die Gefahren dieser Konstellation für Männer in der Lebenskrise auf.

Die Rolle der Mutter ist der Frau auf den Leib geschrieben. Sie ist biologisches Privileg und soziale Verpflichtung zugleich seit Jahrtausenden. Die Mutter als Symbol der Selbstlosigkeit, der Hingabe findet ihren stärksten Ausdruck im Märtyrium der Jungfrau Maria als Erhöhung dieser Daseinsform. In der Gestalt der sittlichen Ehefrau und Mutter der bürgerlich-kapitalistischen Epoche kommt sie nieder zur Erde.

Mutter sein heißt: stets für andere da sein, nie "nein" sagen, eigene Bedürfnisse zurückstellen, sich aufopfern bis zur völligen Erschöpfung. Dafür stellt die katholische Kirche das Himmelreich in Aussicht: "Gebe, so wird dir gegeben". Doch bestimmt ein anderer Leitsatz die bürgerlich-kapitalistische Ordnung: Jeder ist sich selbst der Nächste.

Demut, Bescheidenheit und Bedürfnislosigkeit sind die Tugenden, die sie auszeichnen. Doch verbirgt sich hinter dieser Haltung oft genug der Hunger nach Leben, der Hunger nach Liebe. Wie Tantalus, dem sich die heißbegehrten Dinge des Lebens entziehen, sobald er nach ihnen greift, bleiben sie verhungernd an den Felsen ihrer Angst gekettet. Hinter der zur Schau gestellten Bescheidenheit verbirgt sich oft genug ein Gefühl moralischer Überlegenheit, das Gefühl der eigenen Grandiosität: der Größe des Leidens, die Macht der Selbstaufgabe, die Männer und Kinder verpflichtend an sie binden soll. Aus der Aufopferung für andere beziehen sie ihren Selbstwert. Die Dankbarkeit des anderen ist der Ersatz für Liebe, der zugelassene Lohn für die Mühe. Die moralische Überlegenheit verdeckt den Neid auf die, die unbekümmerter sich holen, was sie wollen. Die Bescheidenheit und die Bedürfnislosigkeit verschleiern die eigene, sich selbst nicht eingestandene Unfähigkeit, nach den Dingen des Lebens auszugreifen und die Enttäuschung darüber, daß der Dank für ihre Mühe: die Liebe ausbleibt.

In der Koppelung mit dem Bild der Jungfrau Maria wird die Mutter zum Inbegriff des Reinen, Unberührbaren, Asexuellen. Mutterschaft und Fortpflanzung geraten in Gegensatz zur Sexualität und Erotik. Mutterschaft entbindet von der geschlechtlichen Verpflichtung der Ehe, die viele Frauen für das bißchen Zärtlichkeit in Kauf nehmen, das sie von ihm kriegen können, wenn sie ihm zu willen sind. Die eigene sinnliche Kraft, mit der sie ihn in seiner Potenz bedrohen könnte, hat sie der leiblichen wie kollektiven Mutter geopfert (vgl. A. 3).

Das Gelingen der Ehe macht ihre Lebensaufgabe aus. Ihr Scheitern bedeutet ein persönliches Scheitern. Es stellt ihren Wert, gar ihre Existenz in Frage. Statt ihm die Verantwortung für seine Handlungen zu überantworten, übernimmt sie "mehr derselben". Ihre Schuldgefühle darüber, eine "schlechte" Frau zu sein, verwandelt sie in duldsames Ertragen ihres Loses. Damit bindet sie den Mann übermächtig an sich. Sie produziert bei ihm Schuldgefühle, die die Angst vor ihrer Allmacht tradieren.

Die Familie wird zum Bewertungmaßstab ihres Könnens, zum Angelpunkt ihrer Identität. Ihr Ausschluß aus dem öffentlichen Leben macht die Familie zum Lebensinhalt. Je größer ihre gesellschaftliche Ohnmacht, umso größer wird ihre familiäre Macht. Doch ist diese Macht eine "entlehnte" Stärke, eine "Pseudo-Unabhängigkeit". Sie verbleibt "in bezug": in bezug auf den Mann, in bezug auf die Kinder. Nur "in bezug auf" kann sie sich definieren und damit die unaufgelöste symbiotische Bindung mit der eigenen Mutter an ihrem Mann und ihren Kindern reproduzieren.

Muttern ermöglicht die Herstellung des oedipalen Beziehungsdreiecks auf einer neuen Ebene. Das Kind vervollständigt und ergänzt die Beziehung zum Mann, die - wie in A.2 dargelegt - eine unvollständige, zweitrangige ist, da die emotionale Beziehung zur Mutter mit der heterosexuellen Wendung zum Mann nicht abgelöst ist. In der Bindung zum Kind, die sie jetzt selber in der mütterlichen Funktion eingeht, stellt sie die alte Exklusivität wieder her, die sich schon in ihrem Bauche über die Schwangerschaft anbahnt. Chodorow sieht in der Schwangerschaft ein Äquivalent zum Koitus des Mannes. So wie er in der geschlechtlichen Begegnung mit dem Eindringen in ihren Leib zur frühen Mutter zurückkehrt, kehrt sie zu ihr zurück, indem sie in ihrem Leibe neues Leben gedeihen läßt. Der Mann erlebt das Kind oft als Störung, Eindringling in seine duale, symbiotische Bindung an die Frau, auf das er mit extremer Eifersucht bis hin zu Gewalttätigkeiten reagieren kann.

Die erlebte Einheit mit dem Kind erlaubt ihr die Vereinigung mit der Mutter noch unter einem zweiten Aspekt: in der prä-verbalen Kommunikation mit dem kleinen Menschen, in der notwendigen Einfühlung kann sie ihr eigenes kindliches Paradies wiedererleben.

Doch birgt gerade dieses vorsprachliche Paradies eine große Gefahr, besonders wenn sie selber in ihrer Kindheit die Anwesenheit, Liebe und Anerkennung bei ihrer Mutter vermißte. In dem Kind sieht sie ein lebendiges Wesen, das sie für den erlittenen Mangel entschädigen, die unerfüllten

Sehnsüchte befriedigen soll. So belohnt sie die Züge, die den eigenen Bedürfnissen entsprechen und ignoriert das Kind dort, wo es sich ihrer Befriedigung nicht fügt. Das empathische, einfühlsame Kind, angewiesen auf die Liebe und die Anerkennung der Mutter, spürt ihre Not und gestaltet sich nach ihrem Bilde. Es entwickelt ein "falsches Selbst", wie Winnicott dies nennt, doch verliert es sich dabei selbst: das, was es ursprünglich zu sein gemeint war.

Diese Situation beschreibt in verschärfter Form den Balanceakt, der zum täglichen Einmaleins des Mutterns gehört: das richtige Maß zu finden zwischen mütterlicher Überfürsorglichkeit (wenn sie die totale Abhängigkeit zulange aufrechterhält) und mütterlicher Deprivation (wenn sie das Kind zu früh verselbständigt).

Angesichts der Mangelsituation, denen Frauen als Töchter ausgesetzt waren, verwundert das Ausmaß nicht, in dem dieser Balanceakt mißlingt. Das Beispiel Magersucht in A. 10 ist nur eine Extremvariante des allgemeinen Selbstverlustes, der aus den veränderten gesellschaftlichen wie familiären Bedingungen folgt (vgl. A. 7).

Die Isolation in der Kleinfamilie verhindert, daß tiefe emotionale Bedürfnisse befriedigt werden können wie in den Großfamilien früherer Epochen oder zum Teil heute noch in südeuropäischen Ländern. Die Beziehung zu weiblichen Verwandten gestattet es, homoerotische Neigungen ungestört zu leben. Lesbische Beziehungen stellen für dieses sozial legitimierte Alltagsgeschehen keinen adäquaten Ersatz dar. Auch die Eingliederung in den Arbeitsprozeß verändert wenig an dieser Gesamtsituation, da die Doppelbelastung die Pflege freundschaftlicher Beziehungen unter Frauen, die über die Kontakte im Arbeitsbereich zumindest denkbar wären, nicht zuläßt.

Die Abwesenheit der Männer als Väter und oft auch als befriedigende Partner lenkt das Augenmerk der Frauen auf die Kinder. Sie erhalten dadurch eine exklusive Aufmerksamkeit, die weder ihnen noch den Müttern guttut. Sie hindert die Kinder an der Entfaltung eigener Potentiale und eigener Lebensräume und bindet die Mütter an eine Partnerschaft, die zunächst auf Ungleichheit und - mit dem Erwachsenwerden der Kinder - auf Trennung hin angelegt ist.

Die Befriedigungen, die die Wiederherstellung des oedipalen Dreiecks gewährt und die Stützung durch die kulturellen Leitbilder machen das Muttern weiterhin für Frauen attraktiv. Sie garantieren den Fortbestand männlich-weiblicher Arrangements.

Die entsexualisierte Mütterlichkeit ist nicht für alle Frauen die Strategie der Wahl. Ihr bietet sich aus der oedipalen Situation heraus eine andere Lösung an als die, zur Klammer der mütterlich-töchterlichen Umklammerung zu werden: die Übertragung der töchterlichen Bindung auf den Mann. Die Unerreichbarkeit des Vaters ermöglicht ihr die Verschmelzung ohne die Gefahr des Selbstverlustes, zumindest in der Phantasie. Sie gibt ihr die Chance, unabhängig von der Mutter Frau sein zu können und die Freiheit zu erlangen, für die der Vater symbolisch steht (vgl. A. 2).

Auf den Phallus werden all die Erwartungen gesetzt, die der Mutter galten und von ihr enttäuscht wurden. So sucht sie sich Supermann, den "Über-Vater", an dessen Potenz und Stärke sie identifikatorisch teilhaben kann. Mit seiner Grandiosität kann sie sich identifizieren, über ihn Selbstwertzuwachs gewinnen, ihre Existenzberechtigung von ihm ableiten, ganz für ihn da sein. Mit ihm ist sie alles, ohne ihn nichts. Ganz mit ihm zu verschmelzen, in ihm und durch ihn zu leben, ist ihr höchstes Glück, die höchste Erfüllung. Sie ist die züchtige Graumaus, das stille Wasser, das tief gründet. Sie ist die Frau hinter dem Thron, die ihm ihre Kraft und Potenz für seine gesellschaftliche Karriere schenkt. Sie poliert seinen Glanz, um den sie nur allzuleicht betrogen werden kann, wenn er - auf dem Höhepunkt des gesellschaftlichen Erfolgs - sich ihrer Umklammerung, ihrer Allmacht entzieht, wie es die Presse immer wieder aus der Welt der Politik und des Showgeschäftes zu berichten weiß. Die Flucht aus der mütterlichen Bindung über die identifikatorische Teilnahme an der Männerwelt erweist sich allzuoft als Sackgasse. Ebenso wie die Wahl der mütterlichen Strategie dient sie der Vermeidung der eigenen Individuation.

Doch kann sie noch in anderer Weise in den Genuß des Phallus kommen: über die direkte Teilhabe als Super-Weib:

(dumm, aber sexy) und als Kind-Frau (süß und unwiderstehlich naiv): Marylin Monroe und Lolita, denen die Männerwelt zu Füßen liegt.

Als Kind hat sie in der Regel nicht das Schicksal der Graumaus erfahren, sondern ist Papas kleiner koketter Liebling. Im Konflikt mit seinen eigenen inzestuösen Strebungen überstimuliert er sie einerseits, andererseits läßt er sie fallen, wenn in der Pubertät die sich rundenden weiblichen Formen die werdende Frau ankündigen und die Möglichkeit einer inzestuösen Beziehung in greifbare Nähe rückt.

Für die Teilhabe an der Männerwelt stellt sie ihren Körper zur Verfügung: als Schauobjekt, als Lustobjekt in der Hoffnung, sich über den Preis der eigenen Leiblichkeit in die Männerwelt einkaufen zu können: als Mannequin, als Fotomodell, als Schauspielerin. Der Bühnenglanz verspricht Anerkennung, Bewunderung, lockere Kontakte, sexuelle Befriedigungen. Doch trügt der Schein. Verhaftet der unerfüllbaren Sehnsucht nach dem unerreichbaren Vater gerät sie in die Abhängigkeit von Managern, die sie sexuell und emotional ausbeuten. Der Haß und die Rachegelüste über die erlittene Kränkung, in ihrem Liebesangebot überhört oder vom Vater verraten worden zu sein, zerstört Begegnungen mit Männern. Die Wiederholung der Enttäuschung bestätigt den Haß, der sich letztlich gegen sie selber richtet. Die Sehnsucht bleibt unerfüllt, als Person, als Mensch gesehen zu werden. Die Vergänglichkeit des Leibes, die im Alterungsprozeß offensichtlich wird, gefährdet ihre "öffentliche " Existenz, die auf der Makellosigkeit ihres Leibes gründet. Das Verwelken des Leibes ruft das Schreckgespenst der Einsamkeit und Leere hervor. Es mahnt sie daran, daß die Männerwelt sie zum zweiten Mal wegen ihres Leibes fallenlassen kann: weil er die sexuelle Attraktivität verliert, deretwegen sie der Vater im Stich ließ. Die Selbstzerstörung über Medikamente, Drogen, Alkohol oder Selbstmord ist keine Ausnahme. Marylin Monroe ist lediglich das bekannteste Beispiel für solch eine Karriere.

Die sexuelle Liberalisierung bietet Frauen heute scheinbar eine Alternative zum Schicksal der "öffentlichen" Frauen. Statt benutzt und weggeworfen zu werden kann sie selber "cool" und berechnend in die Rolle des verführenden Kind-Weibes schlüpfen, ihn reizen und fallenlassen, ihn verführen und der Lächerlichkeit preisgeben, ihn "verbrauchen" wie sie "gebraucht" wurde. Während der Mann für seine Erfolge beim anderen Geschlecht bewundert wird, wird ihr solch ein Verhalten jedoch als krankhafte "Nymphomanie" angelastet.

Mit dem Phallus kann sich die Tochter von der Mutter abgrenzen und sie überflügeln, indem sie über etwas verfügt, was hohen gesellschaftlichen Wert hat und womit die Mutter nicht ausgestattet ist. In der Teilhabe an der männlichen Potenz kastriert sie die Mutter. Doch schlägt die Begrenzung der mütterlichen Macht auf sie selber zurück. Sie führt zur Abwertung von Frauen, auch ihrer eigenen. Im tragischen Fall werden so beide unerreichbar: der Mann und die Frau, sodaß sie der doppelten Gefahr der Vereinsamung ausgesetzt ist.

Die veränderten ökonomischen Bedingungen und die formale Gleichstellung der Geschlechter bieten Frauen heute noch eine dritte Lösung zwischen Muttern und Weibchen, Jungfrau Maria und sündiger Eva: die des asexuellen Neutrums in den beiden Spielarten der Karrierefrau und der über das Inzesttabu neutralisierten Schwester.

Entscheidet sie sich dafür, nicht den Mann, sondern sich selber aufzubauen, so trifft sie auf die widerspenstige Entschlossenheit der männlichen Welt, sie nur zu akzeptieren, wenn sie die männlichen Werte in "übermännlicher" Weise zu repräsentieren versteht. In dieser Variante wird sie zur Paradefrau der Männerwelt, zum Beweisstück für die Gleichberechtigung der Geschlechter.

Ist sie zu solchen Kompromissen nicht bereit, so verschleißt sie sich im erbitterten Kampf gegen die männliche Übermacht oder sie zahlt den Preis der Entweiblichung. Sie wird zum sexuellen Neutrum, gemieden von den Männern, in denen sie Angst auslöst, angefeindet von den Frauen, die ihr die Selbständigkeit neiden. In dem Konflikt zwischen Selbstaufgabe und Selbstverwirklichung steht sie vor der Wahl, die Chance zur Selbstfindung zu ergreifen oder in zwei getrennten Welten zu leben: nach außen hin mit dem Gesicht der Kompetenten, Unabhängigen, Professionellen, in der Beziehung zum Mann als passive, abhängige, nicht selten mißhandelte Ehefrau und Geliebte. Zwischen beiden Welten findet sie keine Brücke.

Die Chance zur Selbstfindung kann sie nur ergreifen, wenn sie die Hürde der drohenden Einsamkeit zu nehmen weiß. Je näher sie ihrem wahren Selbst kommt, umso mehr zerbröckeln die Mauern zwischen ihr und den anderen. Der Kern der einzelnen ist aus demselben Stoff gemacht. Sich selbst zu kennen heißt: alle anderen zu kennen. Doch führt der Weg dahin durch die dunklen Höhlen und Tunnels der eigenen Vergangenheit. Die Forschungsreise zum eigenen Selbst ist eine Reise nach innen, zum Mittelpunkt der individuellen Existenz. Und phasenweise läuft der Weg durch unwegsames Gelände, in dem sie niemandem begegnet.

Die schwesterliche Variante wird in dem Maße attraktiv, in dem die Männer ähnliche innere Strukturen ausbilden wie die Frauen. Unter dem Deckmantel der nach außen gewendeten Männlichkeit bleiben sie kindlich-abhängig den Müttern verhaftet und sind dankbar für Frauen, die sie nicht mit dem Anspruch auf sinnlich-sexuelle Lust konfrontieren. Die Frauen können mit ihnen ihre zärtliche Neigung teilen - falls nicht der Schwung und die Leidenschaft in Gewohnheit und Trägheit erstarrt sind - und zugleich ihre Heterosexualität demonstrieren.

In brüderlich-schwesterlicher Verbundenheit können sie gemeinsam in der jugendlichen Variante ihren Zorn auf die Erwachsenenwelt pflegen, die sie verraten hat. Gemeinsam können sie die Verantwortung für die Geschichtsgestaltung von sich weisen. Gemeinsam können sie Protest gegen die gesellschaftlichen Leitbilder von Männlichkeit und Weiblichkeit anmelden. So kann er an ihrer unschuldigen Naivität teilhaben und sie kann sich beruhigt aus dem Geschlechterkampf zurückziehen, weil er im Abschwören der männlichen Dominanz die Gleichheit der Geschlechter auf ihrer Ebene hergestellt hat. Dieses Niveau der Ebenbürtigkeit ermöglicht es ihr, weiterhin im Domizil der Unselbständigkeit beheimatet zu bleiben.

In der Erwachsenenvariante können sie in brüderlich-schwesterlicher Verbundenheit den Alltag zweckorientiert und pragmatisch bewältigen. Gemeinsame Hobbies: Haus, Garten, Tennis, Urlaubsreisen helfen, auf unpersönliche

Weise die Zeit totzuschlagen. Die Kraft der Erotik ist ins
Gruselkabinett des pornographischen Heimkinos verbannt.

9. Männliche Strategien: Zwischen Supermann und Softi

Der Mann kann seine Leidenschaft der Sachwelt, dem öffentlichen Handlungsfeld zuwenden, das er erotisch besetzt und dabei die Frau zur Haushälterin degradieren. Er kann seine Enttäuschung an der Mutter in Schach halten, indem er den Leib aus seinem Bewußtsein ausschließt. Er kann seine Angst vor dem Unbeherrschbaren, Unkontrollierbaren, für das sie steht, dadurch binden, daß er sich die Frau unterwirft und sie kontrolliert oder indem er in Anerkennung ihrer Übermacht ihr seine Dienste anbietet.

Doch hat er auch die Chance, sich dem Labyrinth der Gefühle zu stellen und die Sehnsüchte, Bedürfnisse und Gefühle als Teile des männlichen Menschen zu begreifen, die er nicht projektiv an ihr bekämpfen muß.

Diese Chance gerät selten ins Blickfeld. Die männliche Welt hält zu viele andere "befriedigende", jedenfalls weniger schmerzhafte Möglichkeiten bereit. Auf der geistigen - und Handlungsebene kann er seine Brillianz entfalten. In der männlichen Solidargemeinschaft kann er homoerotische Impulse über den gemeinschaftlichen Besitz von Frauen ausleben(vgl. A. 2). In Männergesellschaften: in Geheimbünden, bei Billiardspielen, im Militär kann er der Versuchung des Rückfalls in die hilflose, gierige Säuglingszeit widerstehen und sich seine männliche Würde, Tüchtigkeit und Selbständigkeit bestätigen.

Anders als bei Frauen, die neben ihrer heterosexuellen Neigung die Liebe zu ihrem ersten Objekt: der Mutter nicht aufgegeben haben, ist er exklusiver, ausschließlicher auf die Mutter bezogen. Sie ist seine erste und zweite Liebe, seine zärtliche und sexuelle Leidenschaft.

War seine Erfahrung mit der Mutter davon geprägt, daß sie ihn ganz für sich, für ihre zärtlichen wie sexuellen Bedürfnisse haben wollte; war er enttäuscht davon, nicht als der gesehen und erkannt worden zu sein, der er ist; mußte er ihrem Bild entsprechen und genügen: dann kann es ihm ratsam erscheinen, sich - wenn überhaupt - nicht auf zu tiefe Beziehungen einzulassen und die Kontrolle über diese nicht zu verlieren. So legt er sein erotisches Potential in der Sachwelt an. Organisationstalent, Effektivität, kühle Intelligenz beherrschen ihn. Problemlösungen technisch - wissenschaftlicher Natur bringen seinen Verstandd und sein Herz zum Glühen, während Frauen in ihm keinen inneren Aufruhr verursachen. Sind sie vorhanden, so als schwesterliche Versorgungsinstanz, als Haushälterin, als "Zweitfrau", da er primär mit seinem Beruf, der Armee, der Wissenschaft verheiratet ist. Romantische Gefühle sind als Gefühlsduselei aus seinem Leben verbannt. Sexualität beschränkt sich - wenn überhaupt - auf eheliche Pflichterfüllung oder Reizstimulation. Sie dient der Abwehr eines tiefen Kontaktes statt daß sie ihr Ausdruck ist.

Sah er sich von der Mutter darin getäuscht, daß sie seine zärtlichen Liebe genoß, während sie ihn für seine genital-sexuellen Begierden abstieß und beschimpfte, so kann er diese Ambivalenz dadurch lösen, daß er zärtliche und sinnliche Liebe trennt. Die unangreifbare vergötterte Mutter ersteht in der guten Freundin, auf die er nichts kommen läßt. Sie ist zu schade für die Episode einer Nacht. Er braucht sie, um sich an ihrem Busen auszuweinen und Trost holen zu können. Andere Frauen dienen ihm zum sexuellen Imponiergehabe. Spielte der Vater als männlicher Rivale eine Rolle, so kann er sich mit der Geliebten für eine Nacht seine Potenz beweisen und zugleich den Vater phallisch überwinden, indem er sich als der "potentere" Mann: der Mann mit dem größeren Phallus aufbaut. Sie sind die Party-Löwen, die mit Charme und Aufmerksamkeit das weibliche Geschlecht zu betören wissen, das ihnen zur Zierde der Männlichkeit gereicht.

Sexuelle Erfüllung als orgastische Erfüllung, als strömende, vereinende, schmelzende, alles Persönliche überwindende Kraft (vgl. A. 4) ist nicht das Zentrum seiner Strebungen. Ihm geht es um Selbstwertzuwachs, den er erlebt, wenn die eroberte Schöne in seinen Armen befriedigt ruht. Er möchte der beste Liebhaber sein, dem sie je begegnet ist. Er möchte die Nacht gestalten, von der sie ein Leben lang träumt. Bleibt sie unbefriedigt, ist er persönlich gekränkt. Er reagiert ungehalten und ungeduldig.

Da sie auf seine Selbstbestätigung ebenso angewiesen ist wie er auf ihre, spielt sie mit im gemeinsamen

Bühnenstück, zu dem die geschlechtliche Begegnung wird. Sie schenkt ihm den heiß ersehnten Orgasmus, den er für seine Bestätigung braucht. So kann er sich über lange Zeit darüber hinweg- täuschen, daß seine ständige sexuelle Bereitschaft und sein "schnelles Kommen" auf der orgastischen Unfähigkeit beruhen, sich voll und ganz hinzugeben. Der Kontrollverlust rührt an die alte Wunde der verletzten Liebe, spricht das verschlossene Herz an, daß sich in der Hingabe öffnen, preisgeben müßte. So führt die nur kurzfristige Entladung dazu, daß sich die Erregung rasch wieder aufbaut. Er gerät unter neuen sexuellen Druck, der ihn umtreibt.

Anders unser Hagestolz, der pflichtbewußte Herr des Hauses, der Prototyp des Deutschen, der männliche Repräsentant der bürgerlich-kapitalistischen Ordnung. Das phallische Gehabe seines Nebenbuhlers sieht er zwar mit geheimem Neid, doch zieht er sich voller Stolz und Starrsinn auf seine Fähigkeit zurück, seine Triebe, seine Sehnsüchte unter Kontrolle zu halten. Er ist der Garant für Ruhe und Ordnung, auch und gerade im sittlichen Bereich. Damit erfüllt er in der Liebe zur Mutter ihre Anforderungen an Reinheit, die der Abwehr der eigenen fleischlichen Lust dienen (vgl. A. 6). Er überflügelt den oedipalen Vater nicht auf der phallischen Seite des Geschehens: im Ausleben der sinnlichen Impulse, sondern in der Umleitung der vitalen, sexuellen Energie in Leistung und Pflicht. Die Verdrängung der vitalen Lebensenergie, die sich manchmal in Impulshandlungen - nachts, wenn es keiner sieht oder unter dem Einfluß von Alkohol - Bahn bricht, kann sich bis zur Zwanghaftigkeit steigern, zur Pedanterie, zum Geiz.

Rituale bannen die Gewalt des Bösen. Sie hindern ihn an der Spontaneität und am Genuß des Lebens. Sie bestimmen seine Partnerwahl. Sie dringen vor bis ins Schlafgemach. Nicht die sinnlich-erotische Qualität steht bei der Wahl der "besseren" Hälfte im Mittelpunkt, sondern daß der zu erwerbende "Besitz" Frau standesgemäß und jungfräulich sauber ist.

Und so ist auch die geschlechtliche Begegnung vorwiegend sauber. Lange Waschvorbereitungen vorher oder Waschungen nachher töten jeden Lustgewinn. Sie lassen eine erotische Stimmung erst gar nicht aufkommen, die gefährlich wäre, da sie einen Kontrollverlust birgt. Der

Geschlechtsverkehr wird vollzogen, nicht weil ihm oder ihr danach ist, sondern weil es sich für Ehepartner so gehört. Die Mutterschaft ist oft willkommener Anlaß für sie, sich dieser Bürde "standesgemäß" zu entziehen.

Während der pflichtbewußte Herr des Hauses sowohl nach außen wie nach innen seine Rolle wahrt, kann der abhängige Mann zwar seine Männlichkeit nach außen demonstrieren, doch zeigt er am heimischen Herde ein anderes Gesicht. Er verwandelt sich in einen hilflosen Säugling, der sich passiv von der mütterlichen Frau versorgen läßt. Er ist unfähig, Pflichten und Aufgaben im häuslichen Bereich zu übernehmen, während der Patriarch solche "Zumutungen" ablehnt, weil sie unter seiner Würde sind, weil sie der Rollenverteilung zwischen ihm und seiner "besseren Hälfte" widersprechen.

Der passiv-abhängige Mann tauscht nahtlos seine mütterliche Versorgungsinstanz gegen seine eheliche aus. Er findet die Frau, deren Glück in der Aufopferung für ihn liegt, die das frühe Paradies der grenzenlosen Versorgung zu geben verspricht. So sehr er diese Versorgung auf der einen Seite genießt und schätzt, so sehr erfüllt ihn die damit verbundene Unfreiheit insgeheim mit Wut. Er revoltiert gegen den Preis der Abhängigkeit, indem er ihr den Dank schuldig bleibt, für den sie sich abmüht. Wehrt sie sich - verletzt über seine Undankbarkeit - gegen die Ausbeutung ihrer Arbeitskraft für ihn, so setzt er sie mit verschiedenen Strategien unter Druck: mit Alkohol, Gewalt oder dadurch, daß er in einem helfenden Beruf seine Opferbereitschaft demonstriert, die die ihrige bei weitem übersteigt und für die er von ihr "zu Recht" entschädigt werden will.

In anderer Variante kann er zum Pantoffelhelden werden, dem belächelten Held der Männerwelt, Vorzeigefigur dafür, daß die Frau im Hause die Hosen anhat. Er dient als abschreckendes Beispiel dafür, was geschieht, wenn er nicht durchgreift. Seine abschreckende Wirkung belegt zugleich die Tatsache, daß Frauen als Frauen die Macht zu herrschen abgesprochen wird, die Männern in der Männergesellschaft zur Männlichkeit gereicht.

Anders als der Pantoffelheld erweist der Softi der Frau seine Referenz, indem er ihr dienend-ritterlich zur Seite steht. Er zollt ihr seine bewundernde Anerkennung, besonders wenn er in seiner Ausdrucksgehemmtheit an den dramatischen Inszenierungen seiner Frau teilhaben kann. Als Kind unterlag er der weiblichen Macht einer phallischen Mutter, ohne die Möglichkeit zu haben, sich mit einem sinnlich erfahrbaren starken Vater zu identifizieren. Er betont die Bedeutung von Zärtlichkeit, Wärme, Liebkosungen als Abwehr gegen seine eigenen sexuellen Strebungen, die ihn in Konflikt mit den phallischen Ansprüchen der Mutter bringen und Schuldgefühle gegenüber dem schwachen Vater wecken würden. Ihn beruhigt, daß sie von ihm Sicherheit und Vertrauen möchte, ihn in seiner Potenz nicht fordert, ja geradezu Ekel vor triebhaften Männern äußert. Er propagiert Impotenz als Ausdruck verfeinerter und veredelter Männlichkeit, die im Gegensatz zur aggressiven Rohheit anderer Männer steht. Er ist der Mann, der seine Potenz ganz in die Hände der Frau legen möchte. Sie nimmt sie an, doch insgeheim verachtet sie ihn für die Abwehr seiner Männlichkeit.

Im neueren Gewand ist er der kreative, spielerische Mann, das Kind der "flower power" Bewegung der Siebziger Jahre. Er, der der kulturellen männlichen Dominanz scheinbar überdrüssig ist, gibt die weibliche Welt als seine aus, deren Schönheit er propagiert. Er setzt das Weiblich-Intuitive, Ästhetische, Sinnliche dem Männlich-Rationalen, Effektiven entgegen. In diesem Gewande hat er den Aufbruch Ende der Sechziger Jahre signalisiert.

Doch ist er auch der Mann, der in identifikatorischer Verschmelzung mit der Frau für die Rechte der Frauen in der Frauenbewegung kämpft und sich von ihr so kastrieren läßt wie von der phallischen Mutter. Er empört sich über den Anspruch, daß Frauen etwas grundsätzlich anderes sein sollen, gestattet ihm doch die Identifikation mit ihr, brüderlich-schwesterlich das Erwachsenwerden zu verhindern.

VI DIE "UNHEIMLICHE" GLEICHUNG

10. Magersucht: Der mißlungene Triumph des Geistes über das "gierige" Fleisch

Im Symptom der Magersucht* verdichtet sich die heimliche Gleichung von Leiblichkeit, Sexualität und Weiblichkeit zu einer existenziellen Frage, die wie keine andere Krankheit die Folgen dieses kulturell geteilten Einverständnisses unmittelbar am weiblichen Geschlecht demonstriert.

Das Phänomen der Magersucht scheint im Vergleich zu den "Volkskrankheiten" Krebs und Herzinfarkt von seiner Verbreitung her unbedeutend. (Die Zahlen variieren zwischen 1 und 3 %. Die Dunkelziffer liegt wesentlich höher). Doch bezeugt sie wie keine andere Krankheit die Spaltung zwischen Leib und Seele, die wir als Preis für die rasche technologische Entwicklung in den industrialisierten Gesellschaften zahlen. Traditionell ist sie das Leid der "höheren" Töchter, Ausdruck

------

*Als Anorexia Nervosa oder Magersucht bezeichne ich im folgenden eine Gewichtsabnahme, die vorwiegend bei Frauen in der Pubertät oder in jungen Erwachsenenjahren auftritt. Aus psychischen Gründen sinkt das Gewicht auf Werte, die mindestens 20% unter dem Normalgewicht liegen. Der Magersucht liegt ein verzweifeltes Ringen um Kontrolle und Identitätsfindung zugrunde. Sie spiegelt die Auseinandersetzung mit dieser Welt und die verirrte Suche nach dem eigenen Selbst und ihrem Platz in diesem Leben wider.
Die Magersucht wird charakterisiert durch
- Störungen in der Wahrnehmung des Körperbildes
- die Unfähigkeit, Körpersignale zu empfinden, sie richtig zu identifizieren und angemessen darauf zu reagieren
- ein lähmendes Gefühl der Unzulänglichkeit
- Hyperaktivität
Diese und weitere Merkmale werden im Text in ihren jeweiligen Zusammenhängen abgehandelt

der protestantisch-asketischen Werte des Bürgertums, das die technologische Entwicklung im Dienste der Kapitalakkumulation vorangetrieben hat. Ihre rapide Zunahme in den letzten Jahrzehnten, besonders seit Beginn der Siebziger Jahre: der sexuellen Liberalisierung und ihr Auftauchen in den unteren Schichten in Familien, die durch starkes Aufstiegsstreben gekennzeichnet sind, machen deutlich, daß die technologisch-rationalen Werte heute alle Gesellschafts- schichten durchdringen. Magersucht erhält von daher allgemeine Bedeutung.

Im lebensgeschichtlichen Zusammenhang verweist Magersucht auf Probleme der Selbstfindung von Frauen, die in dieser Krankheit ihren extremsten Ausdruck finden. Sie ist Symbol der Auseinandersetzung mit und Flucht aus der mütterlich-symbiotischen Umklammerung (vgl. A. 2 und 3) und Symbol der Verweigerung gesellschaftlicher Anforderungen an sie als warenästhetisch geformte Hülle (vgl. A. 7)

Der Leib wird zum Austragungsort der Identitätsfindung. Die weiblichen Rundungen, der Haarwuchs und die Blutungen, die in der Pubertät die Geschlechtsreifung ankündigen, konfrontieren das Mädchen mit ihrem zukünftigen Schicksal als Frau. Die medial vermittelten Leitbilder, in denen die Frau auf ihren Leib als sexualisiertes Schauobjekt reduziert wird, bieten wenig Anreiz für solch eine Zukunftsperspektive. Die "Lösung" des Konfliktes zwischen biologischer Geschlechtsreifung und gesellschaftlicher Bestimmung als Ware Frau scheint ihr darin zu liegen, die Ausprägung weiblicher Geschlechtsmerkmale zu verhindern. Dies gelingt ihr über die Nahrungsverweigerung. Zugleich demonstriert sie über das "Hungern" ihre Willensstärke: den geistigen Triumph über das leiblich Weibliche. In diesem Triumph verbündet sie sich mit dem männlich-rationalen Geistigen, das ihr die Abgrenzung von der weiblich-mütterlichen Allmacht und damit eine eigenständige Identität als Mensch-Frau zu gestatten scheint.

Die Tragik ihrer Lösung liegt darin, daß sie im Kampf gegen den Leib als Inbegriff der "Fremdbestimmung" mütterlicher wie gesellschaftlicher Art ihre eigene materielle Basis zerstört, ohne dieses selber wahrnehmen zu können.

Der tiefere, wenn auch nicht bewußte Sinn dieser Lösung offenbart sich, wenn wir uns erinnern, daß die Sterblichkeit des Leibes die individuelle Existenz, die Einmaligkeit begründet (vgl. A. 4). Die Auszehrung dieser Basis (die bei 10% der magersüchtigen Mädchen zum Tode führt) kann ebenso wie der Suizid die Handlung sein, in der ein Mensch seine Einmaligkeit, seine Individualität dadurch erfährt, daß er mit der Sterblichkeit des Fleisches konfrontiert ist. Sie ist ein letzter verzweifelter Akt, sich _selbst_ zu spüren, die eigene Autonomie zu wahren und zu dokumentieren. Diesem Autonomieversuch liegt ein "psychosemantischer Trugschluß" (Gast) zugrunde, der auf der Spaltung in Selbst und Körper, dem Dualismus von Leib und Seele beruht. MacLeod beschreibt das so: "Ich kann gleichzeitig wählen, als Selbst zu leben und als Körper zu sterben..." (MacLeod, 1981, S.88)

Auf der bewußten Ebene geht es jedoch nicht um Tod, sondern um den Triumph des Geistes/Willen über das Fleisch. Viele Religionen betonen die Macht des Bewußtseins über die körperlich-sinnlichen Begierden. In früheren Jahrhunderten wurden Askese und Fasten zum Ideal erhoben. Der Hungerstreik als politisches Machtmittel hat spätestens seit Gandhis erfolgreichem Kampf um die Unabhängigkeit Indiens von der englischen Kolonialherrschaft öffentliche Anerkennung und Bewunderung gefunden.

In Anlehnung an diese Tradition sieht die Magersüchtige die Chance, die körperliche Existenz zu überwinden und zu einem reinen geistigen Wesen zu werden. Dieser Anspruch befriedigt zugleich ihr hohes intellektuelles Ich-Ideal.

"Ich wurde mehr und mehr zu einem Geist, den es danach verlangte, seinen störenden Körper endlich loszuwerden. Ich wollte meinen Verstand von allen Anzeichen körperlicher Bedürfnisse befreien. Bis zu einem gewissen Grad ist mir das mit dem Essen gelungen..." (Margolis, 1985, S. 95f)

Dieser Kampf ist eine Illusion, da er keine spirituelle Wahl ist, keine bewußte Überwindung im Sinne einer "Ent-Bindung" von seinen sinnlich-emotionalen Trieben und Wünschen, sondern "materialistischer Fluchtmechanismus" (Selvini Palazzoli). Seine Bedürfnisse werden geleugnet, nicht aufgehoben. Im Kampf gegen den Hunger: den körperlichen Hunger, den Lebenshunger, den Liebeshunger bleibt die Magersüchtige an den Leib gekettet, da dieser Hunger und seine Abwehr ihre Handlungen bestimmen. Im Unterschied zu ihren männlichen Vorbildern kann sie das Hungern nicht aufhören. Sie ist nicht frei in der Wahl ihrer Mittel. Die Gier und die Unersättlichkeit der sinnlichen Wünsche treiben sie voran in einen circulus vitiosus: je stärker sie über die Nahrungsverweigerung die Unbändigkeit, Unersättlichkeit des Leibes zu kontrollieren, zu begrenzen sucht, umso stärker drängen seine Triebe zur Befriedigung, umso stärker muß sie seine Befriedigung verweigern in der Verweigerung von Nahrung, Schlaf, Ruhe und Wärme.

"Mitten im Winter keinen Mantel zu tragen oder in kaltem Wasser zu schwimmen, bis die Haut blau wird, auch das wird aus dem gleichen Grund als etwas Erstrebenswertes angesehen... Der Körper und seine Forderungen müssen jeden Tag, jede Stunde und jede Minute unterjocht werden." (Bruch, 1982, S. 83)

Der Leib wird zum Gegner, zum Feind, zur Bedrohung des Selbstwertgefühls. Er ist "Objekt", dazu auserkoren, tiefsitzende Ängste vor Unzulänglichkeiten und Niederlagen zu bannen. Seine Kontrolle gibt ihr ein Gefühl von Stolz, Macht und Leistung. Doch fatalerweise ist seine Kontrolle jederzeit gefährdet.

"Kontrolle, sage ich mir selbst, ich verliere die Kontrolle. Der einfache Geruch von Essen löst eine Lawine in meinem Unterbewußtsein aus. Ich bin gezwungen, so lange zu essen, bis nichts mehr hineingeht, gezwungen von einem gierigen Dämon, der in mir haust und sein Haupt hebt und seine versteckten Zähne bleckt, sobald ich ihn durch Essen zum Leben erwecke. Nur wenn ich esse, habe ich das Gefühl zu leben, empfinde ich Leidenschaft

und Aufregung, Angst und Widerwillen. Essen ist die einzige Rettung aus der Betäubung, die mich sonst umschließt. Und seht, was es bringt, Mangel an Kontrolle, eine entsetzliche, fürchterliche Versklavung: ich werde zum Tier. Ich verliere die Menschenwürde.'(Margolis, 1985, S. 80f.)

Der Kampf gegen den Leib wird zum symbolischen Kampf gegen alles, was sie beunruhigt: Gefühle des Versagens, der Desorientierung, der inneren Leere, der Einsamkeit, der Isolation. Sie werden an der Unvollkommenheit des Leibes festgemacht: an seinen falschen Proportionen, seiner "Fülle". Die Koppelung dieser Ängste an den Leib als ihre Basis eröffnet Handlungsmöglichkeiten (Nahrungsverweigerung, Hyperaktivität), die zur Stabilisierung des Selbstwertes, zum Gefühl der Einmaligkeit beitragen.

Der Kampf gegen den Leib ist der Kampf gegen die mütterliche Allmacht. Am Leib der Mutter formt sich ihr Leib, der als Quelle von Lust und Unlust erfahren wird. Über ihn etabliert sie ein sinnlich-vertrauensvolles oder gebrochen-mißtrauendes Verhältnis zur Welt. Diese ursprüngliche Beziehung bildet den inneren Kern des Selbst (vgl. A. 1)

Die Mütter entstammen in der Regel kleinbürgerlichen Familienverhältnissen, in denen sich die traditionelle Hausfrauenrolle mit beruflichen Ambitionen mischt. Bedürfnisse nach individueller Selbstverwirlichung schlagen sich nieder in Leistungsorientierung und beruflichen Wünschen. Aus unterschiedlichen Gründen scheitern die Lebenspläne in diesem Bereich. Viele geben ihre Karriere zugunsten der Ehe auf und nutzen die Kinderaufzucht als Bereich der Profilierung und "Identitätsfindung". Oft heiraten sie einen Mann, der in der Erfahrung der Magersüchtigen der persönlich Schwächere ist. Er läßt ihr die Dominanz im Hause, behauptet jedoch zugleich seine gesellschaftlich abgeleitete männliche Vormachtstellung als Pascha. Die Wahl läßt sie zutiefst unbefriedigt und voller Bitterkeit gegen ihre Entscheidung, sich dem Beruf als Hausfrau und Mutter zu verpflichten.

Hinter ihrer Dominanz verbirgt sich die weibliche Abhängigkeit: die Unfähigkeit, ihr Schicksal selber gestaltend in die Hand zu nehmen. Sie weiß um den Preis, den sie für die Sicherheit der Ehe bezahlt hat.

"D.: ja, meine Mutter war unzufrieden, weil sie, im Kontrast zu meinem Vater eine sehr kämpferische, ehrgeizige und lebenslustige Frau ist. Also eigentlich viel erleben will, was lernen will, arbeiten will, Phantasie hat, was machen will, sprühen will... Und die Kinder, die waren eigentlich dann ja für meine Mutter dann eher noch belastend. Wo sie die zwar haben wollte, aber gut, die haben sie dann auch wieder abgehalten von dem, was sie im Tiefen wollte.
L.: Was meinst Du, was das war?
D.: Reisen, sich bilden und Liebhaber haben... Aber nicht Hausmütterchen und Kinder und mit weniger Geld klarkommen... sie ist da immer natürlich <u>brilliant</u> mit umgegangen. Das konnte sie auch mit <u>allen</u> Sachen. Aber eben nicht <u>so</u> brilliant, daß sie ihr Nörgeln und ihre Belastetheit irgendwie hätte mal wechseln können. Sie kam dadurch immer in so 'ne Märtyrerhaltung, wo man ihr hätte eine reinschlagen können..." (Gast, 1985, S. 86)

Sie sorgen gewissenhaft und sorgsam für das leibliche Wohl der Familie, doch ohne Vergnügen. Sie demonstrieren die Größe des Leidens, das ihre Aufopferung für die Familie bedeutet, um Männer und Kinder verpflichtend an sich zu binden (vgl. A. 8). So ist ihre Anpassung an die traditionelle Rolle der Frau eine äußerliche, die sie innerlich zugleich bekämpft.

Die Aufgabe ihrer Identität als autonome Frau in der Unterwerfung unter den Mann gleicht sie mit einer 'narzißtischen' Besetzung der Tochter aus. Mit ihr stellt sie die Exklusivität ihrer eigenen mütterlichen Bindung wieder her. Mit ihr ergänzt sie das ödipale Beziehungsdreieck (vgl. A. 8). Es entsteht eine "Ehe zu dritt" (Selvini Palazzoli), in der jedes Familienmitglied mit zwei Personen verheiratet ist: die Mutter mit Mann und Tochter, der Vater mit Frau und Tochter, die Tochter mit Mutter und Vater.

An der Tochter beweist sie ihre Kompetenz im "Beruf" Mutter, den sie relativ spät (im Durchschnitt mit 32 Jahren) ergreift. Sie bewältigt die Aufgabe "perfekt", so wie sie ihrem Berufsbilde entspricht. Doch genau darin liegt das Dilemma. Nicht Perfektion, sondern Liebe und menschliche Wärme, Mitgefühl und intuitives Verständnis bringen den Kern der Persönlichkeit von Kindern zur Entfaltung. Doch haben diese Eigenschaften keinen Raum in der sachorientierten Männerwelt, der sie ihr Berufsbild als Karrieremöglichkeit entlehnt. Und als ursprünglich weibliche kann sie diese Qualitäten für sich nicht annehmen, da ihre beiden Aspekte: die Mutterrolle wie das Weibliche für sie fragwürdig sind.

Gegen die Mutterrolle hegt sie einen geheimen Groll, da sie sie an der Verwirklichung ihrer wahren Bestimmung: einer beruflichen Karriere hindert. Und die Befriedigung, die aus der Erfüllung der eigenen weiblichen Sehnsüchte stammt: die das Herz öffnet für die Liebe, die Wärme, das Mitgefühl, hat sie dem kleinbürgerlichen Leitbild der reinen Jungfrau Maria, dem Leitbild der sittsamen Ehefrau und Mutter geopfert. Den "Ver-Lust" der Lust rechtfertigt sie für sich mit ihrem Abscheu vor allem Fleischlichen: dem Geschlecht, den Ausscheidungen, der sinnlichen Begierde. Diese ihr ekelhafte Seite des Leiblichen klammert sie entweder aus oder versucht, sie durch besondere Betonung der Reinlichkeit zu bezwingen. In ihrer Allmacht über die Tochter gibt sie ihr ihre Ambivalenz weiter: den Ekel und die Scham, die sich mit dem Fleische verbinden und die zwanghafte "Besessenheit", den Körper reinzuwaschen, reinzuhalten von allem Niedrigen.

Die Menstruation erzeugt Peinlichkeit und Scham. Sie wird zum Symbol weiblicher Demütigung, das familiär tabuisiert, ausgeklammert wird.

"K.: Also wenn ich meine Tage hatte, das durft' niemand in der Familie merken. Das durfte, also die Männer durften das nicht merken. Und meine Mutter hat noch die Gemeinheit besessen, mich selber meine schmutzigen Unterhosen mit der Hand auswaschen zu lassen. Obwohl die 'ne Waschmaschine hatte, ja. Stell dir das mal vor, du.

*Das durfte da nicht mit 'rein... Und ich hab' eben
auch nie mitgekriegt, wenn die ihre Tage hatte.
Darüber wurde nicht gesprochen. Das wurde
versteckt, weißte ... " (Gast, 1985, S. 126)*

Die Menstruation erinnert mit den einsetzenden
Blutungen an die Sterblichkeit des Fleisches und zugleich an
seine Fruchtbarkeit. Die monatliche "Periode" wird zum
Symbol biologischer Mutterschaft und dem daran
gekoppelten gesellschaftlichen Schicksal. In der Symbolik
des Aus- und Verblutens verbindet sich die Sterblichkeit des
Fleisches mit dem psychischen Tode der eigenen Autonomie
in der Annahme der weiblichen Rolle.

In der Tochter ersteht für die Mutter nicht nur die
Erfüllung der Exklusivität ihrer eigenen mütterlichen
Bindung, sondern zugleich die Erinnerung an die verlorene
weibliche Identität. Die Tochter aktualisiert die
zurückgesteckten, aufgegebenen Sehnsüchte, die sich in
widersprüchlichen Botschaften äußern: dem Verlangen, so zu
sein wie sie, die Mutter, und die Grenzen ihres Schicksals
nicht zu überschreiten und dem Wunsch, stellvertretend für
sie ihre beruflichen Ambitionen zu verwirklichen.

Die Erfüllung ihres ersten Auftrags: der Gleichheit mit
ihr gewährleistet die Mutter über die innere
"Kolonialisierung" ihrer Tochter. Statt daß ihr die Mutter
warm und liebevoll begegnet, versorgt sie sie materiell "gut"
durch eine Fülle an Nahrung und regelmäßige Essenszeiten.
Statt daß die Mutter sie einfühlsam unterstützt in der
Bewältigung der leiblichen Bedrohungen, kontrolliert sie sie.
Statt Raum für die Entwicklung und den Ausdruck leiblicher
Bedürfnisse zu haben, erfährt sie eine permanente
Nichtbeachtung ihrer Gefühle, sei es, daß "Mama" schon
weiß, was sie braucht oder daß sie verwöhnend die
Bedürfnisse erfüllt, bevor sie sich entfalten können. Sie
macht sich die Innenwelt der Tochter zu eigen, sodaß die
Tochter mehr und mehr an der Authentizität ihrer Gefühle
und Bedürfnisse zweifelt.

*"Ich durfte die Dinge niemals auf meine Weise
erleben. Das ist der furchtbarste Verlust, den
jemand erleiden kann. Er bewirkt Leere, mangelnden*

emotionalen Kontakt mit dem Leben, Mangel an wirklicher Vitalität, an allem, was einem ermöglicht, sich als man selbst zu fühlen und nicht als ein schweres formloses Ding." (Selvini Palazzoli, 1982, S. 109)

Das magersüchtige Mädchen kann keinen eigenen Sinn, kein Gespür für das leibliche Verlangen, für seine Bedürfnisse und Notwendigkeiten entfalten wie Hunger, Müdigkeit und Kälte. Da die Gefühlswelt sich auf die sinnliche Erfahrung der Welt aufbaut, kann diese ebenso wenig angemessen wahrgenommen und verarbeitet werden. So bleibt sie innerlich leer und entwickelt ein lähmendes Gefühl von Unzulänglichkeit, das jeden Gedanken, jede Handlung durchdringt. Sie leidet unter dem Eindruck, der Mutter etwas schuldig zu bleiben, an ihr etwas gutmachen zu müssen, nicht genügen zu können. Vor die Wahl gestellt, mütterlich verschlungen oder ausgestoßen zu werden, paßt sie sich äußerlich an, um damit ihr "wahres" Selbst, ihre Identität zu retten. In der inneren Isolation verödet das Land, das ihren Kern ausmacht. Die innere Wüste wird ihr selber unzugänglich und fremd.

Nach außen hin jedoch wird sie zum Musterkind mit "problemloser" Entwicklung. Sie wird zur Musterschülerin, nicht aus Begabung, sondern aus Ehrgeiz, nicht aus freien Stücken, sondern um die zweite Anweisung der Mutter auszuführen.

Der Vater als Repräsentant des öffentlichen Lebens, der trotz seiner persönlichen Schwäche die gesellschaftliche Macht innehat, verstärkt - ob gezielt oder qua Position - diese Seite in ihr, da er scheinbar einen Fluchtweg eröffnet aus dem Schicksal der Mutter, das ihr qua Geschlecht droht.

"Ich möchte lieber ein Junge sein, denn nur Männer werden als Menschen behandelt. Ich hörte: Die Frau muß sich aufopfern, nur der Mann darf befehlen." (Gast, 1985, S. 74)

Die zunehmende Selbständigkeit der Tochter bringt die Mutter in ein Dilemma. Einerseits bestätigt sie ihre Kompetenz als Mutter, doch bedroht sie zugleich die

Exklusivität ihrer Beziehung. Die Unterstützung, die sie über die erwachsen werdende Tochter erhält, gefährdet zugleich den Selbstwert, den sie aus der mütterlichen Rolle zieht. Um nicht überflüssig zu werden, verhindert sie deren Autonomiebestrebungen. Sie schwingt sich zur Expertin für ihre Tochter auf und macht sie damit zum Objekt ihrer Bedürfnisse. Auf diese Weise gibt sie ihre eigene Objekthaftigkeit als Frau an sie weiter.

Die widersprüchlichen Erwartungen der Mütter rufen bei der Tochter Unsicherheit hervor. Sie spürt unter dem Mantel der Überfürsorglichkeit Aggressionen, die sich auf dem Gesicht der Mutter in Form von Ungeduld, Unzufriedenheit und verhaltener feindseliger Ablehnung widerspiegeln. Sie befürchtet, ihre Liebe zu verlieren, wenn sie ihr nicht zu willen ist und sie für das Opfer ihrer Selbstverwirklichung als autonome Frau entschädigt. Die Spannung schlägt sich nieder in Ängstlichkeit, Nervosität, Trauer, Zerrissenheit und Desorientierung.

Die Allgegenwart der Mutter, aus der es kein Entrinnen zu geben scheint, verbindet sich mit der erfahrenen Unlust und Frustration durch den Leib. So wird er zusätzlich zu seiner eigenen Unmäßigkeit, Gier und Unersättlichkeit zum Symbol der erfahrenen Hilflosigkeit und Ohnmacht in der mütterlich-töchterlichen Beziehung.

Die Reifungsmerkmale der Pubertät: die weiblichen Rundungen, Brust und Schamhaare beleben diese Erfahrungen in doppelter Weise. Die weibliche Gestaltung läßt das gesellschaftliche Schicksal, das bislang ausgeklammert war, in greifbare Nähe rücken, und in der Ähnlichkeit mit der Mutter erlebt das Mädchen den Körper konkret wie die Mutter selber. Die verleiblichte Mutter (ihr Körper) aktualisiert die früh erfahrene Hilflosigkeit und bedroht sie in ihrer Autonomie. Je mehr sich der Leib ausdehnt (dick wird), umso stärker schrumpft ihre "Person". In der Nahrungsverweigerung, im Dünnsein, behauptet sie sich gegen den verschlingenden Aspekt der "ver"leiblich(t)en" Mutter, doch erhält sie sich zugleich damit ihr Interesse.

"Wenn ich zunehme, meinen meine Eltern, es ginge mir wieder besser und dann verliere ich ihre Liebe."

So löst sie die Ambivalenz, sich von ihr trennen zu müssen und sie doch zugleich behalten zu wollen (vgl. A. 2).

Der Leib wird zum Inbegriff des bösen, gierigen, sündigen, unreinen, verschlingenden Lebens, dessen Triebe in Schach gehalten werden müssen, um das eigene wahre Leben, den Geist zu retten. Sie kann den Leib nicht in seinen Unvollkommenheiten annehmen, was den reifen Menschen auszeichnet. Sie kann ihn nicht als Basis der Persönlichkeit begreifen, sondern degradiert ihn zum Objekt, zum Ding. Ihn gilt es zu beherrschen und zu kontrollieren, so wie die Mutter sie und ihren Leib gegängelt hat. Über Erbrechen und Abführmittelmißbrauch reinigt sie sich täglich von dem sündigen "Anderen". Zugleich versucht sie über das Erbrechen sich seines lebenserhaltenden Hungers nach Nahrung zu erwehren. Die Verstopfung, der leibliche Ausdruck ihrer unerbittlichen Bemühungen um Kontrolle, bekämpft sie mit Abführmitteln, die erst recht die natürlichen Körperfunktionen außer Kraft setzen, sodaß sie in immer höheren Dosen zu chemischen Mitteln greifen muß.

Die Flucht aus dem circulus vitiosus in das rein Geistige in der Pubertät scheint konsequent, doch vollzieht sie zugleich die patriarchale Aufteilung in die Jungfrau Maria und die sündige Eva, in Heilige und Hure am eigenen Leibe. Ausgerichtet auf die Werte der technologisch-rationalen Gesellschaft spaltet sie ihn ab statt das Leibliche im Sinne einer Ent-Bindung von seinen sinnlich-emotionalen Begierden zu überwinden.

Die Söhne erleiden ein anderes Schicksal. (Nach Bruch liegt das Geschlechterverhältnis bei ca 10 zu 1). In ihrem "anderen" Geschlecht ergänzen, vervollständigen sie als Repräsentanten der männlich starken Welt das unsichere Selbst der Mutter. Ihnen wird Durchsetzungsfähigkeit, Eigenständigkeit und Unabhängigkeit zugestanden. Doch erfährt auch der Sohn die mütterlich- besetzende Allmacht, die ihn zu verschlingen droht. Auch ihn nutzt sie als Objekt ihrer Bedürfnisse. Allerdings stehen ihm andere Bewältigungsstrategien zur Verfügung als der Tochter. Er kann sich dem Geistigen als Handlungsfeld des Mannes zuwenden und seine Leere durch Hyperaktivität ausfüllen (vgl. A.3 und 9). Daraus zieht er Bestätigung und Achtung. Er wendet sich nicht gegen den Leib als Verkörperung der mütterlichen Allmacht, sondern gegen das Herz als Symbol für die verratene Liebe, gegen die er anarbeitet. So zahlt er nicht mit Magersucht, sondern dem Herzinfarkt im späteren Erwachsenenalter.

Die Pubertät - die Krisenzeit für das Mädchen - ist für ihn vergleichsweise eine entlastende Situation, da seine männliche und seine menschliche Berufung eine günstige Verbindung eingehen können. Die Puibertät eröffnet ihm in der Hinwendung zur Männerwelt die Flucht aus der mütterlichen Allmacht. Das Mädchen hingegen ist in doppelter Weise mit der Frage nach der eigenen Wesensbestimmung konfrontiert: die Umformung des Leibes rückt ihre weibliche Seinsbestimmung unübersehbar ins Blickfeld und die gesellschaftliche Definition des Weiblichen über den Leib konfrontiert sie erneut mir einer Fremdbestimmung, die über die mütterliche hinaus gesellschaftliche Ausmaße annimmt. Mneschliche Seinslage und weibliche Berufung scheiden sich hier (Beauvoir). Austragungsort ist der Leib, der für Männer und Frauen eine unterschiedliche Bedeutung erfährt.

"Während der Mann relativ "ungebrochen" aus seinem Körper heraus agiert und ihn als "Instrument" begreift, mit dessen Hilfe er seinen Zugriff auf die Welt erweitern und verfestigen, erobern, kämpfen, Lust empfinden und Macht demonstrieren kann und der nicht zuletzt seinen Intellekt beherbergt, während der Mann also zwischen " innen" und "außen" zu trennen vermag, ist das Körpererleben der Frau von zahlreichen widersprüchlichen Botschaften hinsichtlich dessen Funktion, Wert und Nutzbarkeit geleitet, die im wesentlichen schon von Kindheit an vermittelt werden und nun den Umgang mit ihm/sich selbst bestimmen, jedoch in der Pubertät eine Schwerpunktveränderung erfahren und nun auf massivste und verwirrendste Weise die Auseinandersetzung mit diesem "neuen", sich

*entwickelnden Körper entscheidend prägen." (Gast,
1985, S. 125f.)*

In der Dualität zwischen Leib und Geist: der Abspaltung
des Leibes vom Geiste, greift sie den gesellschaftlichen
Geschlechterkampf der technologisch-rationalen Kultur auf
und verlagert die Auseinandersetzung in den eigenen Körper.
Sie bekämpft den Leib als Symbol des Weiblichen mit dem
reinen männlichen Geiste (vgl. A. 8)

*'Ich war mir ... dessen bewußt, daß andere meine
Denkweise als männlich bezeichneten. Wenn ich
wollte, konnte ich denken, wie Männer es oft
versuchen: logisch, rational, intellektuell, scharf. Ich
habe Mathematik studiert ... was mir beibrachte, wie
Männer Gedanken entwickeln. Ich genoß diese
geistige Gymnastik, sie gab mir das Gefühl, ich
könnte selbst das Unendliche erreichen." (Margolis,
1985, S. 45)*

Doch bleibt ihr Leib als weiblicher Leib dem
gesellschaftlichen Zugriff erhalten. Er ist die Quelle
gesellschaftlicher Anerkennung: sei es als Schauobjekt der
Lust, als Ware oder als Mutter/Gebärende, wobei ihre
sexuelle Ausstrahlung ihre spätere "Karriere" als Ehefrau
und Mutter wesentlich mitbestimmt.

Diese gesellschaftliche Fremdbestimmung erfährt sie
fgamiliär über den Vater als ihr Repräsentant. Seine
spöttischen Bemerkungen über ihre sich verändernde Figur
oder seine Warnung, nicht zu dick zu werden, sind oft Anlaß
für den Beginn einer Abmagerung: die Diät. Die in den Medien
erfahrene Abwertung des weiblichen Leibes, der in seiner
sterilen warenästhetisch geformten Pose der
Käuferstimulation dient, verstärkt die biographisch
angelegte "Verdinglichung" des Leibes. Die Starrheit ihres
Ausdrucks und ihrer Gesten (Selvini Palazzoli) sind dieser
Posenwelt durchaus angemessen. Die Lebendigkeit des
Leibes hat sich an die Dingwelt verströmt. Sie wird zu einem

"Anblick", Beobachter und Beobachtete zugleich, männlicher
Prüfer und weiblich Geprüfte.

> *"... Männer handeln und Frauen treten auf. Männer
> sehen Frauen an. Frauen beobachten sich selbst als
> diejenigen, die angesehen werden. Dieser
> Mechanismus bestimmt nicht nur die meisten
> Beziehungen zwischen Männern und Frauen,
> sondern auch die Beziehung von Frauen zu sich
> selbst. Der Prüfer der Frau in ihr ist männlich - das
> Geprüfte weiblich. Somit verwandelt sie sich selbst in
> ein Objekt, ganz besonders in ein Objekt zum
> Anschauen - in einen "Anblick". (J. Berger, zit. nach
> Gast, 1985, S. 132)*

Es ist sicher kein Zufall, daß mit der
Liberalisierungswelle Ende der Sechziger, Anfang der
Siebziger Jahre, in der die Vermarktung des weiblichen
Leibes als sexueller Tauschwert sich massenhaft verbreitete,
auch die Magersucht als klinisches Phänomen zugenommen
hat. Die "Twiggy"-Bewegung, in der die asexuelle knabenhafte
Figur zum weiblichen Leitmotiv erhoben wurde, ist nur der
kommerzielle "magersüchtige" Ausdruck dieses allgemeinen
Trends.

Die gesellschaftliche Gleichsetzung der Frau mit ihrem
Leib unterstützt die "Magersüchtige" darin, seine "Fülle" oder
Unproportioniertheit für ihre Isolation und Einsamkeit
verantwortlich zu machen. Sie beginnt eine Diät, um dem
gesellschaftlichen Ideal des Schlankseins nahezukommen
und damit ihre Einsamkeit zu überwinden.

Im Rückgriff auf den Leib als zu veräußernder Ware
bleibt sie an den männlichen Normen der technologisch-
rationalen Kultur orientiert. In der Anpassung an die
männlichen Normen demonstriert sie den Widerstand gegen
das Weibliche, indem sie die Ausprägung weiblicher
Merkmale verhindert. Doch wehrt sie sich durch die Art der
Anpassung zugleich gegen die männlichen Normen. Indem
sie den Leib auszehrt, verringert sie nicht nur die
Angriffsfläche dafür, durch die Mutter verschlungen zu

werden, sondern schützt sich zugleich gegen gesellschaftliche Übergriffe. Dünnsein heißt für sie nicht: Anpassung an das weibliche Schönheitsideal (auch wenn dieses zunächst das oberflächliche Motiv für die Diät ist, die die Magersucht auslöst), sondern bedeutet Unabhängigkeit von der gesellschaftlichen Definition des Weiblichen. Dünnsein steht für den Versuch, der männlichen Bestimmung als Objekt zu entfliehen und "Frau in eigenem Recht und Gesetz" (Gast)zu werden.

"... so unabhängig, kann machen, was ich will, bin nicht so auf bestimmte Frauen-Verhaltensweisen festgelegt; bin eigentlich mehr so ich selbst. Also ich hab mehr Freiheit, das zu machen, was ich will..." (Assoziation einer magersüchtigen Gesprächspartnerin von L. Gast auf die Frage zu Dünnsein. Gast, 1985, S. 164)

Lilli Gast paraphrasiert diesen Wunsch nach Selbstgestaltung folgendermaßen:

"So, wie ich meinen Körper selbst gestalte/gestaltet habe und er mein *Produkt geworden ist, so will ich auch mein "Ich als Frau", meine Weiblichkeit, selbst gestalten und formen. Ich will die Inhalte meines "Frauseins", meine "persönliche Geschlechtsidentität", meine "Gestalt" also, so autonom, wie ich nun in meinen Bedürfnissen von Euch bin, bestimmen und definieren..."* (ebd.)

Die Tragik liegt darin, daß dieser Protest kein freigewählter, selbstbestimmter Akt ist. Er ist Ergebnis eines Prozesses, in dem ein biographisch desorientiertes und zerrissenes Ich in der sensiblen Phase der Pubertät auf gesellschaftliche Rollenzuweisungen stößt, die das Ich weiter schwächen. Gegen die patriarchal-bürgerlich-technologischen Werte kann die Magersüchtige ihre Autonomie nur behaupten, indem sie das Symbol dieser Rollenzuweisung: den Leib abspaltet, entfremdet, sich enteignet.

Ihr Symptom ist Verweigerung und Anpassung zugleich: in der Zwanghaftigkeit, im Süchtigen ist es fremdbestimmt, in ihrer subjektiven Wahrnehmung selbstbestimmt; in der "Verdinglichung" des Leibes ist es fremdbestimmt, in der Wahl des Geistes scheinbar selbstbestimmt. Und darin liegt ihre Illusion und das Krankhafte der Lösung: daß sie Geist und Materie verwechselt. Sie führt den Kampf auf der materiellen Ebene des Fleischlichen, das ihre Handlungen diktiert. Doch kann sie sich in der Illusion des Geistigen verlieren. Ihr Mißverständnis des Leiblichen: ihre Fehlinterpretation leiblicher: sinnlicher und emotionaler Prozesse hindern sie daran zu verstehen, daß ihr Leib sie in der Tat ausschließt von Begegnungen, jedoch nicht aufgrund seiner "Häßlichkeit", wie sie vermutet, sondern seiner raum-zeitlichen Verwirrungen, die zugleich Produkt des gestörten Familinesystems sind.

Der Leib ist das Medium, in dem sich Raum und Zeit strukturiert: Raum als die Erfahrung von Grenzen, von Begrenztheit; Zeit als Erfahrung von Kontinuität, des Ablaufs von Hunger und Sättigung, Schlaf und Erquickung, Lust und Unlust, Spannung und Entspannung. Raum und Zeit sind das Koordinatensystem der Bewegung als Ausdehnung in den Raum, als zeitliche Aufeinanderfolge. Die raum-zeitliche Dimension liegt den vitalen Prozessen des Lebens zugrunde, der Pulsation, dem Herzschlag. Sie begrenzt den Menschen in seiner Existenz zwischen Geburt und Tod. Damit ist sie zutiefst menschlich und in dieser Menschlichkeit an den Leib gebunden (vgl. Sebastian, 1983, 1986).

Die magersüchtige Tochter hat durch die Übergriffe der Mutter jedoch genau diese vitalen Erfahrungen nicht machen, ihren Raum nicht erkunden, keine Kontinuität finden können. Dies zeigt sich dain, daß sie ihren Körper bis zur Erschöpfung ermüdet und aushungert. Sie kann Körpersignale nicht wahrnehmen, mißtraut ihnen oder behandelt sie, als existierten sie nicht. Das zeigt sich bspw. in dem Gefühl, jeden Tag neu beginnen zu müssen.

"'16. Februar 19... ich habe endlich die Bedeutung von Tagen erkannt. Meine Tage pflegten jeden Abend zu enden - sie setzten sich niemals in den nächsten Tag hinein fort. Jeden Morgen mußte ich von vorn anfangen, um mich irgendwie von der "Besudelung"

des Vortages zu reinigen. Es war meine Art und Weise, auf alles vorbereitet zu sein, aber abends war ich wieder aufs neue bedrückt, nachts mußte ich mich einfach übergeben. Jeder Morgen war eine einzige Schwerarbeit. Ich mußte mich von Kopf bis Fuß säubern (Bäder, Klistiere), mich von dem verkrusteten Schmutz befreien, von allem, das innen und außen an mir hing, und von vorn anfangen, ganz sauber. Vielleicht suchte ich verzweifelt nach meinem wahren Selbst." (Selvini Palazzoli, 1982, S. 169f).

In der Klarheit der räumlich-zeitlichen Dimension werden Begegnungen mit anderen Menschen möglich, lustvoll und bereichernd: wenn wir offen sind für die Ereignisse, die auf uns zukommen; wenn wir handeln, wenn es an der Zeit ist und warten, wenn nichts zu tun ist; wenn wir ein Gespür haben für die Nähe und Distanz, die wir zu anderen Menschen eingehen wollen.

Fehlt jedoch diese Sicherheit: sind wir uns des eigenen Raumes und der Möglichkeit, uns jederzeit zurückziehen zu können, nicht gewiß, werden Begegnungen zur Bedrohung. Sie erwecken die Angst vor Verschmelzung, vor der Vernichtung des eigenen Selbst. Dann wird die Einsamkeit zum sicheren Hafen.

Ist die Einsamkeit zu groß, kann sie ihren Leib objekthaft zur Verfügung stellen, um damit zugleich ihr wahres Selbst zu schützen. Sie kann Kontakte finden, ohne die Gefahr der Selbstaufgabe eingehen zu müssen.

"G.: ...Und ich hab mir immer gewünscht, daß ich in der Situation mal was Befriedigendes erlebe, aber andererseits habe ich das nie in irgend ne Handlung umsetzen können. Das hat dazu geführt, daß ich mich Männern immer ausgeliefert habe. So, naja, hingelegt und jetzt mach mal." (Gast, 1985, S. 149)

In der sinnlichen Erfahrung des Leibes werden die Bedeutungen der Worte vorgeformt. Ihre Verzerrung verzerrt auch die Sprache. Begriffe werden mit falschen Vorstellungen belegt wie im mißverstandenen Triumph des Geistes über den Leib.

Die Erfahrungen der frühen Kindheit werden durch das Familiensystem bestätigt und verstärkt. Eine engmaschige Familienstruktur, in der jeder in den Raum des anderen eingreift: seine Bedürfnisse und seine Welt interpretiert, verhindert, daß sich ein individueller Raum entfalten kann. In einer rigiden, immer gleichen pseudo-harmonischen Struktur verliert sich die zeitliche Dimension: das Gefühl für Entwicklung und Prozeß. In der Atmosphäre aufopfernder Selbstlosigkeit dürfen Gefühle, besonders feindselig-aggressiver Art, nicht erlebt und ausgedrückt werden. Sie können sich nicht differenzieren und in das Selbst integriert werden. So werden sie gegen den eigenen Leib gerichtet.

Der Ausweg liegt für sie   darin, in den leiblichen Bedürfnissen gesehen, gehört und akzeptiert zu werden und sich diese Bedürfnisse als menschliche zuzugestehen.

"Der Ausweg führt über die Erkenntnis meiner Bedürfnisse nach Essen, Liebe, Leben ohne Angst, sich wegen der Gier vor sich selbst zu ekeln." (Margolis, 1985, S. 89)

Die Erkenntnis dieses Ausweges wird dadurch erschwert, daß die Symptomatik wie der familiäre Hintergrund extremerer Ausdruck allgemeingültiger gesellschaftlicher Werte sind.

Störungen des Leiblichen finden sich bei vielen Frauen. Sie stammen aus der Objekthaftigkeit des Leibes und der Widersprüchlichkeit der Anforderungen an sie: Frauen sollen sexy und verführend, aber auch ernstzunehmende Arbeitskolleginnen sein. Sie sollen intelligent und trotzdem romantisch, zärtlich und süß sein. Sie sollen hausfraulich sein, aber dabei kultiviert. Sie soll die Familie "ernähren", emotional und materiell, aber selber dabei schlank und rank bleiben.

In dieser Widersprüchlichkeit ist der Leib als Objekt ihrer Kompetenz eingebaut: er soll schlank und wohlgeformt sein, samtig und straff, mit den "richtigen" Rundungen an der "richtigen" Stelle. Der Leib wird zum Ernährenden und Ernährten, Begutachteten und Begutachter, aber nicht zur lebendigen Quelle des Seins, der seine Bedürfnisse nach Nahrung (im emotionellen wie materiellen Sinn) angemessen befriedigen kann. So verwundert es nicht, daß Frauen mit Eßstörungen unterschiedlicher Art zu kämpfen haben: neben der Magersucht mit Fettsucht, mit latenter Fettsucht (sie hält ihr Gewicht mit einem rigiden Eßsystem unter Kontrolle und wirkt daher "normalgewichtig") und Bulimarexie (Brechsucht, mit der das Gewicht nach den täglichen "Freßanfällen" in den Normalbereich zurückgedrängt wird). Sie alle sind Ausdruck eines gestörten Körperbildes, wobei die Magersüchtige am konsequentesten den Kampf gegen den gierigen Leib angeht. Sie besiegt ihn und beweist damit ihre wirkliche Stärke.

Die Unfähigkeit, Körpersignale richtig zu deuten, ist Ergebnis der kultruellen Abspaltung des Leibes, der Entfremdung von sich selbst. Sie betrifft männliche wie weibliche Lebenszusammenhänge, wenn auch in anderer Ausprägung. Sie schlägt sich nieder in zahlreichen chronischen Krankheiten, die erst dann wahrgenommen werden, wenn ein starkes organisches Leiden bereits vorliegt wie bei Krebs, Herzinfarkt, AIDS. Das Gefühl der Unzulänglichkeit und Fremdbestimmtheit definiert weite Bereiche des menschlichen Lebens. Es mündet in Katastrophenängsten, in Ängsten vor kollektiver Vernichtung, die jedoch stärker am Phänomen AIDS ausgelebt werden.

Die mit dem Verlust des Leibes einhergehende innere Leere wird überdeckt durch Hyperaktivität, die die eigene Wichtigkeit, an der der Mensch insgeheim zweifelt, überdeckt. Sie läßt ihn glauben, daß er mit seinem Leben etwas sinnvolles anfängt, obwohl er auf die Frage: Wohin so eilig? keine Antwort mehr weiß.

Und die Familie? Sie ist nicht zufällig so unauffällig, so normal, daß das Symptom der Magersucht oft nicht ernstgenommen wird. Sie sind "perfekt" an die konventionellen Normen der Gesellschaft angepaßt. Sie verhalten sich, wie sich eine "gute" Familie verhält. Sie erfüllen die patriarchal- bürgerlich-technologischen Werte:

die Frau als Ehefrau und Mutter, die voll in ihrer Häuslichkeit aufgeht; der Mann, der hinausgeht ins feindliche Leben und die Familie wohlanständig ernährt. Sie sind ein Abbild der puritanisch-bürgerlichen Familie, das allerdings ohne den materiellen Einfluß jener Zeit seine Sinnerfüllung in der Erfüllung der medial vermittelten Familienideologie von heute sucht: in der Anpassung an den Schein, das Außen, die Wirkung. Nur das Sein fehlt.

11.Gewalt gegen Frauen: Die gewalt(ät)ige Liebe, die gewalt(ät)ige Lust

Gewalt in der Ehe ist kein Produkt einiger verkrüppelter, haltloser, impulsiver Männer oder die Folge des provozierenden Verhaltens masochistischer Frauen. Gewalt ist der krasseste Ausdruck einer patriarchal-bürgerlichen Struktur, die auch heute noch unser Bewußtsein prägt. Gewalt ist die Quintessenz des Besitzverhältnisses des Mannes über die Frau, das Ergebnis einer jahrtausendelangen Reproduktion von psychischen Strukturen in Männern und Frauen, Ausdruck der heimlichen Gleichung von Leiblichkeit, Sexualität und Weiblichkeit.

Gewalt zielt auf die Einkerkerung, die Verletzung, die Zerstörung des weiblichen Leibes: dem Symbol für das Unkontrollierbare, Sündige, Naturhafte. Frauen werden geboxt, getreten, mit heißem Wasser übergossen, vergewaltigt - und das, weil sie nicht aufgeräumt hat, er eifersüchtig ist, sie alleine ausgehen will oder nur so: weil ihm gerade danach ist.

Gewalt ist die auf den Kopf gestellte Liebe, die Umkehrung der frühen Mutterliebe, mit der er sich für seine kindliche Abhängigkeit, Hilflosigkeit an ihr rächt. Gewalt ist die "gewaltige" Liebe, die zur gewalttätigen Liebe entartet; Kompagnon der Angst vor ihrem Verlust, dem Verlust ihrer Liebe, der Ausdruck der Wut über ihre Eigenständigkeit, der Wut über die eigene Abhängigkeit.

Gewaltig ist die Liebe, die sich hingibt, gnadenlos bis hin zur eigenen Selbstaufgabe, Selbstzerstörung, Zerstörung des anderen.

Gewalt ist die verkrümmte Lust an der Kraft, der Macht, der Potenz, dem wilden Drängen der Säuglingszeit, dem explosiven Rausch der sinnlichen Lust, die der Kontrolle enträt und sich sadistisch, zynisch, gierig, haltlos, mit blutunterlaufenen Augen Bahn bricht.

Gewalt ist die unerschöpfliche Potenz, mit der er sie pornographisch bis zur Erschöpfung beglückt, indem er sich ihren Leib aneignet - so wie sie sich seinen säuglingshaften Körper einverleibt hat.

Gewalt ist die tödliche Bedrohung ihres Leibes, die Lust an ihrer Todesangst, wenn er sie gegen ihren Willen bedrängt, schändet, vergewaltigt: die Rache für die eigenen Ängste vor Vernichtung, die er an ihrem Leib als Säugling erfahren hat.

Gewaltig ist ihre Potenz, ihre Kraft, ihre Impulsivität, die sie eindämmt, einkerkert in die starke Muskulatur ihres Beckens, aus der sie sich manchmal nur gewaltsam befreien kann, wenn ihre Tabus, ihre Ängste, ihre Schuldgefühle, ihr Wissen um seine Bedrohung diese Kraft nicht leben oder zum Ausdruck kommen lassen.

Gewalt ist nicht zufällig.

Gewalt gegen Frauen hat Tradition. Sie findet ihre biologische Begründung in der körperlichen Überlegenheit des Mannes wie in Karikaturen über den Neandertaler, der in der einen Hand die Keule schwingt und mit der anderen eine Frau an den Haaren zum sexuellen Rendezvous zerrt.

Juristisch wird Gewalt von Männern gegen Frauen noch mancherorts mit der Triebhaftigkeit des Mannes, seiner männlichen Natur begründet. Er muß das provokative, ihn verführende Weib vergewaltigen, weil er ein Mann ist. Doch stärker als die äußeren Instanzen: Kirche, Staat und Rechtsprechung halten heute die gesellschaftlichen Strukturen und ihre Verinnerlichung in der Psyche von Männern und Frauen das Machtverhältnis aufrecht.

Die Verinnerlichung: die freiwillig vollzogene Selbstbeschränkung hat die öffentlich-sichtbare Gewaltstruktur der bürgerlich-kapitalistischen Epoche abgelöst (vgl. A. 6) und sie in die Intimität der Familie verbannt. Ihre Privatheit ist so stark im Bewußtsein verankert, daß Hilfeleistungen bei Frauenmißhandlungen in der Öffentlichkeit selten vorkommen. Die Polizei greift nur in akuten Notsituationen ein. Die Demütigung und Erniedrigung von Frauen gehört zum akzeptablen Repertoire der männlichen Solidargemeinschaft (vgl. A. 2)

Gewalt ist die krasse Konsequenz eines heimlichen Bündnisses zwischen Männern und Frauen, das beiden die "Befreiung" von der allmächtigen Mutter der frühen Kindheit verheißt und doch zugleich im Rollentausch die Wiederholung der ursprünglichen Situation erlaubt, ohne in die Hilflosigkeit zurückzusinken (vgl. A.1). Gewalt ist die Folge einer Beziehungsstruktur, in der er sich ihre Stärke aneignet, die sie ihm zum Geschenk macht, um selber nicht autonom werden zu müssen. Sie entschädigt ihn für das Gefühl des Ausgeliefertseins an die frühe Mutter, während sie seine Schwäche übernimmt, die er stellvertretend an ihr bekämpft.

Liebe wird zur herausfordernden Macht zwischen Leben und Tod, zwischen Sein und Nichtsein, Erfüllung und Sinnlosigkeit.

Die Erfüllung ist er, der bewunderte Held, den sie idealisiert, durchdringt, mit dem sie verschmilzt, ihr ein und alles. In ihm und durch ihn zu leben ist ihr höchstes Glück, die Erfüllung, die Legitimation für ihre Existenz. Ihm verleiht sie ihre eigene Kraft, die Frau hinter dem Thron. Sie macht ihn zu dem, was er ist, um sich als graue Eminenz in seinem Glanz zu sonnen. Er sucht sie, weil sie keine Ansprüche stellt, ergeben für ihn da ist, ihn bewundert. Sie ist die züchtige Graumaus, bei der sich alle wundern, daß ausgerechnet er, der jugendliche Held, sich mit so jemandem zusammentun konnte. Sie ist das stille Wasser, das tief gründet und gerade in dieser stillen Einfühlsamkeit eine erhebliche Macht entfaltet, indem sie ihn ganz durchdringt, aufsaugt, ihn sich "einverleibt".

Er wehrt sich gegen das ihm vertraute Gefängnis, versucht der Einverleibung zu entkommen, indem er sie in existenzieller Angst um sein Selbst ausstößt, zerstört, sie "exkorporiert". Doch kann er sie nicht abschütteln, da ihre ganze Existenz mit ihm verbunden ist, sie durch ihn lebt. Sie fühlt sich betrogen, da sie sich ganz für ihn aufgegeben hat. Oft verdankt er ihrer Kraft und ihrem aufopfernden Einsatz den gesellschaftlichen Erfolg, in dessen Glanz sie sich sonnen möchte. Sein Rückzug verwehrt ihr den Genuß ihrer Arbeit.

Verläßt er sie, so trennt er sich innerlich von ihr, indem er sie für nicht existent erklärt, während sie am Bild von ihm festhält. Manchmal lebt sie so weiter, als wäre er noch da. Trennt sie sich, kommt es zu den in Frauenhäusern immer wieder beobachteten Katastrophen: der Mann wird zum Säugling. Alleine ist er kaum lebensfähig. Er greift zu Alkohol, droht mit Selbstmord, muß psychiatrisch abgefangen werden. Er nutzt die Kinder zur Erpressung und appeliert mit ihnen an ihre Verantwortlichkeit. Symbiotisch mit ihm verbunden, kehrt sie zurück oder es kommt zu längeren Ablösungsprozessen. Sie pendelt zwischen zu Hause und dem Frauenhaus oder Freunden hin und her, angezogen von der zerstörerischen Kraft der Selbstaufgabe, der Verschmelzung, abgeschreckt und bedroht durch die oft zunehmende Eskalation von Gewalt, wenn ihn die Panik ergreift, daß sie ihm nicht mehr bedingungslos unterworfen ist.

Gewalt ist die notwendige Begleiterscheinung von Beziehungsstrukturen, die durch bürgerlich-patriarchale Besitzverhältnisse geprägt sind.

Er ist der Kavalier, der sie umwirbt, sie beschützt, sie zärtlich umsorgt, ganz für sie da ist. Sie genießt den Schutz und die Fürsorge. Sie kann sich ganz in die starken männlichen Arme fallen lassen. Von ihm umworben, gewollt zu werden genügt, ihn zu heiraten. Die Ehe ist die Erfüllung weiblicher Bestimmung. Seine Werbung läßt die Frage, ob sie ihn will, gar nicht erst aufkommen.

'Den hab ich kennengelernt, da war ich 15. Und das war so ganz blöde, wie die ganze Beziehung anfing. Eigentlich war da nie Liebe gewesen oder so, ne, na ja. Liebe ist'n kitschiges Wort, aber irgendwie so richtig echt Sympathie, eben was dazu gehört zu 'ner richtig guten Freundschaft, auch zu 'ner Ehe, da muß ja ein Gefühl da sein, ne. Und das war bei mir nicht so. Weißte, ich war damals 15, er war 22 und hatte ein Motorrad und weißte, der ließ mich wirklich nicht in Ruhe. Das war so schlimm, ich konnte wirklich keinen Schritt mehr aus dem Haus tun, dann war der schon überall, Mensch Du, ach. Und schließlich, ich hab dann irgendwie keine Kraft mehr gehabt immer zu sagen, laß mich in Ruhe. Ist blöde eigentlich und dann hab ich dann mit ihm angefangen... Klar, der wollte sofort mit mir

schlafen und so. Ja, da war ich gerade 16 geworden,
da wurde ich auch schon schwanger." (zit. nach
Brückner, 1983, S. 41f.)

Die mit dem Schutz verbundene Kontrolle wird zunächst
als Beweis seiner Liebe, seine Eifersucht auf den Besitz Frau
als Beweis seiner Leidenschaft gewertet. Die Aussicht,
einander ganz zu gehören, erscheint zu verlockend. Sie
möchte am liebsten für die Familie, die Kinder da sein und
mit den Anforderungen der Außenwelt nichts zu tun haben.
Die Familie ist ihr Reich, in dem sie herrscht nach dem
früher oft gehörten Satz: "Er kümmert sich um die
Weltprobleme, sie um alles übrige." In ihrer privaten, nach
innen gerichteten Macht beansprucht sie die Herrschaft,
indem sie sich scheinbar von ihm beherrschen läßt nach
dem Motto: er ist der Kopf und sie der Hals, der ihn dreht.
Mit viel Einfühlungsvermögen weiß sie ihn zu lenken. Sie gibt
ihm das Gefühl, daß er das, was er will, aus eigenem Antrieb
tut. Doch spürt er die darin liegende Manipulation und
verstärkt daher sein Machtgebaren. Sie erträgt die
Unterwürfigkeit nur so lange, wie sie ihn beherrscht und
entzieht sich, je mehr er mit Machtgebaren auftrumpft,
durch passive Verweigerung, durch Trödelei, Vergeßlichkeit,
Sichausschweigen. Sie kann ihm auch unter dem Mantel der
absoluten Offenheit eine außereheliche Beziehung schildern
in allen Details, sodaß er fast verrückt wird vor Eifersucht,
da er sich in seinem Anspruch: die Frau als Besitz für sich
reklamieren zu dürfen, zutiefst bedroht fühlt und Angst hat,
sein Gesicht zu verlieren.

Die Herrschaft über ihren Leib macht sie zur
"Leibeigenen". Seine Verfügungsgewalt über ihre sinnliche
Lust ist die vitale Quelle seines männlichen
Selbstbewußtseins. Erst wenn sie ihm ganz gehört, ihm
hörig ist, kann er seine Angst vor der Rivalität der
Geschlechtsgenossen im Zaum halten, die Angst, doch noch
"kastriert", "gehörnt" zu werden. So kontrolliert er sie,
beschattet sie wie ein einjähriges Kind, das Mama ständig
mit den Blicken verfolgen muß, um sich ihrer Anwesenheit
ganz sicher zu sein.

Und ist sie nicht willig, so braucht er Gewalt: er schlägt
sie, sperrt sie ein, "züchtigt" sie, vergewaltigt sie, bedroht sie
mit ihrer Existenzvernichtung. Er läßt die Zügel schießen,
die ihm die sittliche Mama angelegt hat und rächt sich damit

an ihr für die Verkrümmung seiner fleischlichen Lust, die er nun ungestraft an ihr ausleben kann. In der rauschhaften Macht schwingt sich der "kleine Junge im Manne" zum Despoten auf. Schuldhaft fällt er in die Kleinkindrolle zurück, wenn die Ekstase verfliegt.

So gerät das Bedürfnis des Mannes nach totaler Liebe zur absoluten Machtübernahme und das Bedürfnis der Frau nach totaler Liebe zur völligen Abhängigkeit. Sie findet sich wieder in den resignativen Aussagen wie: "Mein Mann will nicht, daß..."

Und warum bleibt sie?

Sie bleibt, weil sie sich schuldig fühlt, weil sie sich für so schlecht hält, daß sie so ein Schicksal verdient hat.

Sie bleibt, weil sie hofft, die Situation aktiv verändern zu können, wenn sie sich "bessert" und das heißt, sich ihm noch stärker ausliefert. Doch dadurch eskaliert die Gewalt nur.

Sie bleibt, weil sie sich ihre Wut, ihren Haß auf ihn nicht eingestehen kann und sie verwandelt in Verständnis für ihn. Sie handelt wie ein kleines Kind, das den Grund für die Grausamkeiten der Eltern in sich selber suchen muß, da die idealisierten Eltern gar nicht grausam sein können.

Sie bleibt, weil das Scheitern der Ehe ihr persönliches Scheitern wäre, ihr Versagen als Frau dokumentieren würde.

Sie bleibt, weil der Glaube an die Unauflöslichkeit der Ehe sie moralisch verpflichtet, die Ehe aufrechtzuerhalten.

Sie bleibt, weil sie ihn liebt und eine Frau, die ihren Mann liebt, verläßt ihn nicht.

Sie bleibt, weil er sie braucht. Mit ihrer Selbstlosigkeit kann sie sich ihre Grandiosität, ihre unendliche weibliche Fähigkeit zu leiden beweisen, aus der sie ihren Selbstwert bezieht.

Sie bleibt, weil sie keine Alternative sieht.

Sie bleibt, weil der Schritt in die eigene Unabhängigkeit Einsamkeit bedeutet, die Entfernung aus den weiblichen Lebenszusammenhängen, die Aufgabe der mütterlichen Bindung.

Und wenn sie nicht bleibt?

Gehört er zu den besseren Kreisen, verfügt er über extra Geld, so kann er sich eine "Leibeigene" kommen lassen, wenn das heimische Reservoir an Frauen nicht ausreicht oder zu suspekt erscheint angesichts der Emanzipationsbedürfnisse von Frauen, angesichts der öffentlichen Diskussion von Frauenmißhandlung. Eine Thai-Frau, für die er bezahlt hat, gehört ihm auf Gedeih und Verderb. Sie ist ihm ausgeliefert. Sie muckt nicht auf, weil sie um ihre ökonomische Abhängigkeit weiß und die "Einzelhaft" dem Leben im Bordell oder der Schande des Abgeschobenwerdens in die Heimat vorzieht. Hier kann er ganz ihr Herr sein, dem modernen Sklavenhandel frönen, der - sofern man den Presseberichten glauben darf - im Geheimen blüht.

Das Recht des Mannes auf den Leib der Frau schlägt sich nicht nur in ehelich sanktionierten monogamen Beziehungen nieder. Prostitution, der pornographische Markt mit all seinen Varianten (Filmen, Peep-Shows, Büchern, sado- masochistischen Gepflogenheiten) sind der gesellschaftlich legitimierte Ausdruck für die "Leibeigenschaft" von Frauen. Sie verkaufen sich gegen bare Münze oder stellen ihren Leib exhibitionistisch zu seiner voyeuristischen geschlechtlichen Befriedigung zur Verfügung. So sichern sie die Institution der Ehe ab, da für seine animalische Natur außerhalb dieser Institution gesorgt ist.

Prostitution und Pornographie zeigen das Ausmaß sexueller Not und Verkümmerung und die Sprachlosigkeit, in der die Geschlechter sich nur noch begegnen können. Das Spielerische der Erotik, das in der wechselseitigen "Leibeigenschaft" zu einer lustvollen Widerholung der frühen Mutter-Säuglings-Erfahrungen werden könnte (vgl. A. 5), verkommt zum "Reizvollen". Sie gibt ihm ihren Leib, doch enthält sie ihm ihre Seele vor, die sie der mütterlichen Bindung verpflichtet weiß. Sie läßt ihn zappeln, um sich so

teuer wie möglich zu verkaufen. Er genießt es, ihr Fisch an
der Leine zu sein, weiß er doch, daß er letztlich die Angel
hält.

Genügen ihm der eheliche und der kommerzielle
Rahmen zum sicheren Wiedererleben der früheren
Hilflosigkeit und des jetzigen Triumphes über ihren Leib
nicht; kann er seiner animalischen Triebe, seiner Rache,
seines Hasses nicht Herr werden, so bemächtigt er sich
ihres Leibes mit Gewalt. Rächend kann er sich an ihrer
Angst weiden, wenn er sie mit dem Tode bedroht. Sie ganz in
seiner Gewalt zu wissen, sie ausgeliefert zu sehen, wie er
sich dem Leibe der Mutter ausgeliefert gefühlt haben mag,
ist das tiefere Motiv der Vergewaltigung. Der Schrecken, der
sie erfaßt, ist nicht nur der Schrecken über sein
gewaltsames Eindringen in ihren Leib, sondern sein
Eindringen in ihre ganze Person, ihr Gefühl, ihr Wesen. Die
Vergewaltigung hinterläßt nicht nur körperliche Spuren. Die
Erfahrung seines Hasses, seines Sadismus, seiner Rache
gräbt sich in ihre Seele. Die Angst vor Wiederholung engt den
eigenen Handlungsraum ein, wenn sie keine Möglichkeit hat,
diese Erfahrung mit anderen zu teilen. Sie muß den
Schrecken zulassen, daß er sie hätte töten können, um das
Grauen zu überwinden. Der Film "Schrei aus der Stille" zeigt
diese Dynamik eindrücklich.

Das Entsetzen ist oft umso größer, als es ja nicht der
Unbekannte ist, der sie bedroht, sondern ein Mann aus dem
Bekanntenkreis, der sich in herrschaftlicher Manier nimmt,
was ihm seiner (gesellschaftlich geteilten) Ansicht nach
zusteht. Ihre Angst und ihre Schreckbarkeit lähmen sie in
der Situation, machen sie wehrlos. So wird sie zur leichten
Beute.

Auch Frauen phantasieren von Vergewaltigungen, doch
haben diese ein anderes Motiv. Die im Becken eingekerkerte
gewaltige Lust darf nicht "rausbrechen. Zu stark bedroht sie
die Möglichkeit, von Mutter und Vater deswegen verlassen zu
werden (vgl. A. 3). Die Vergewaltigung erzwingt die Lust, die
ihr geschieht, für die sie nicht verantwortlich ist. Dem
mächtigen, unerschöpflichen Phallus gelingt es, die
Barrieren und Blockaden, in denen die Lust im Becken
gefangen ist, zu durchdringen und die Lust freizusetzen. Mit
Hilfe seiner Männlichkeit kann sie so zu der Befriedigung
gelangen, die ihr die Mutter und seine Herrschaft versagen.

Doch allzuleicht werden die weiblichen Phantasien als Rechtfertigung für seine zum Teil ins Sadistisch zielenden Rache- und Haßgefühle genommen. Ihre Vorstellungen drängen auf Erfüllung des Verbotenen, auf die Verwirklichung der eigenen Potenz. Seine Handlungen werden von der Enttäuschung an der Lust motiviert. Seine Vergewaltigung entmachtet sie, macht sie zum wehrlosen Opfer. Ihre Vergewaltigung öffnet den Weg zur Lust, macht ihn zum Mitgenießer.

12. AIDS: Die Exkorporation der sündigen Lust

AIDS. Ein neues Schlachtfeld hat sich aufgetan: der Krieg gegen einen unsichtbaren, mysteriösen, subversiven Gegner, der sich in die eigenen Reihen eingenistet hat. Er zerstört die leibliche Abwehrfront, sodaß der geschwächte Körper ansonsten harmlosen Angreifern zum Opfer fällt. Dieses Bild zeichnete die Presse in ihren ersten Berichten über eine Krankheit, die mehr ist als eine Krankheit: eine soziale Metapher, ein sozialpathologisches Phänomen. (vgl. die Zusammenstellung der Schlagzeilen bei Rühmann, 1985, S. 69). Der Stil der Schlagzeilen ruft Bilder wach an den "Krieg der Sterne" ("Die Invasion aus Unbekannt", Hannoversche Allgemeine Zeitung vom 17.2.1983), an Apokalypse, an Endzeit. Er spricht kollektive Ängste an vor dem Aussterben der Menschheit, dem atomaren Tod, der vergifteten Umwelt, vor Einsamkeit und Isolation.

Die Verbindung von AIDS mit mittelalterlichen epidemischen Krankheiten wie Pest und Seuchen beschwören Gottes Urteil, die gerechte Strafe für sexuelle Ausschweifungen, für die die Homosexuellen in der öffentlichen Phantasie symbolisch stehen.

'Droht eine Pest, wird AIDS wie ein apokalyptischer Reiter auf schwarzem Roß über die Menschheit kommen? Ist eine moderne Seuche in Sicht, die sich zu Tod, Hunger und Krieg gesellen wird wie einst im Mittelalter oder werden nur die homosexuellen Männer daran glauben müssen? Vielleicht (wie es Bakteriologe Fehrenbach fomuliert), weil der Herr für die Homosexuellen immer eine Peitsche bereit hat?" (Spiegel vom 6. Juni 1983)

AIDS, die rätselhafte Krankheit (Meyer/Pizer), AIDS, die Lust an der Seuche (Hinz), AIDS und unsere Angst (Pacharzina): Die Buchtitel umreißen den Kontext, in dem AIDS in der seriöseren Öffentlichkeit diskutiert wird.

AIDS: die Verbindung von Sexualität und Tod spricht tief verankerte Schuldgefühle an, die in katholischer wie protestantischer Version mit dem "sündigen" Fleisch verknüpft sind. Sie aktualisiert die verdrängte Angst vor der

Sterblichkeit des Fleisches, der Isolation, der Trennung, die sich mit dem Weiblichen verbindet. Die Verquickung von Homosexualität und Tod rührt alte, vergessen geglaubte (?) Vorurteile an. Sie ruft Rache- und Verfolgungswünsche für den Austritt aus der männlichen Solidargemeinschaft wach. Sie bringt die eigene unbewältigte männliche Homoerotik ans Tageslicht. AIDS dokumentiert die Ohmacht des Geistes, der Wissenschaft, der Medizin über den Leib.

In der Bezeichnung als "Schwulenseuche" versucht sich die Gesellschaft den Stachel, der im eigenen Fleische löckt, zu ziehen in altbewährter Vorurteilstradition: der Projektion eigener Ängste auf einen Außenfeind, an dem sie bekämpft und gebunden werden können. Viel zu tief sitzt der Stachel im eigenen Fleisch. AIDS ist Ausdruck allgemeiner Lebensbedingungen, des technologisch-rationalen Verhältnisses zum Leibe und zur sexuellen Lust, das in der Subkultur der Homosexuellen lediglich bis zur letzten Konsequenz durchgespielt und durchgelebt wurde, sodaß bei ihnen die Konsequenzen dieses allgemeinen Lebensstils als erste sichtbar wurden. Von daher hat die Befürchtung, daß die Krankheit sich auf die heterosexuelle Bevölkerung ausdehnt, durchaus ihren realen Kern: nicht weil die Homosexuellen so ansteckend sind, sondern weil sie Teil dieser Kultur sind, auch wenn sie den Status einer Randgruppe zudiktiert bekommen und/oder für sich beanspruchen.

So eignet sich AIDS vorzüglich, um gesellschaftspolitisch der bürgerlichen Moral wieder zum Durchbruch zu verhelfen, die angesichts der sexuellen Liberalisierung der Sechziger und Siebziger Jahre ins Hintertreffen geraten ist. Unter den genannten Aspekten ist der öffentliche Umgang mit dem Problem AIDS wie mit den Homosexuellen Ausdruck der gleichen Abwehrstruktur, die schon die heimliche Gleichung von Leiblichkeit, Sexualität und Weiblichkeit kennzeichnet. An ihen wird die Tragweite der Verheimlichung besonders deutlich, da ihre existenzielle Dimension unausweichlich ist.

AIDS - die rätselhafte Krankheit. Was macht sie so rätselhaft? Sie ist mit der herkömmlichen, kausal denkenden Medizin, die versucht, Einzelfakten zu isolieren und ursächlich in Zusammenhang mit dem Krankheitsgeschehen zu bringen, nicht zu greifen. Das

122

macht sie rätselhaft. Sie ist ein komplexes Geschehen, deren
einzelne Faktoren zur Zeit noch wenig bekannt sind, deren
Befunde wenig erprobt und umstritten sind. Auch das macht
sie rätselhaft und erschreckend zugleich. Sie dokumentiert,
daß die "Halbgötter in Weiß" nicht alle Krankheiten unter
Kontrolle haben, nicht Herr über Leben und Tod sind.

AIDS*, eine durch einen Virus übertragene Störung im
Abwehrsystem des Menschen, trifft ihn im Kern seiner
leiblichen Integrität: in der Zellstruktur. Sie macht ihn
wehrlos gegenüber pathogenen Angreifern aller Art:
Bakterien, Viren, Pilzen, die auch sonst unseren Körper
behausen, aber von der körperlichen Schutzpolizei
unschädlich gemacht werden. So bietet AIDS ein breites
Spektrum an Erscheinungsbildern, deren gemeinsamer
Faktor ein nachgewiesener Virus ist, der die Abwehr
gegenüber anderen Erregern schwächt oder selber schwere
Krankheiten (Gehirnschäden) auslösen kann. Dieser Virus
zeichnet sich aus durch eine Intelligenz eigener Art: er kann
seine Struktur verändern und sich daher allen
medizinischen Angriffen entziehen.

Nicht alle, bei denen der Virus nachgewiesen wurde,
erkranken an der tödlichen Manifestation. Bei 5 - 20% tritt
bis jetzt das Vollbild auf, das zum Tode führt, bei 25 - 40%
prägt sich ein Krankheitsbild aus, das als Vorstadium,
Zwischenstadium oder eigenes Krankheitsbild** angesehen
werden muß.

Seine Verbreitungshäufigkeit: die Zahl der an AIDS
Erkrankten verdoppelt sich zur Zeit alle zwölf Monate.
Vorsicht ist angeraten. Doch schießen die Reaktionen weit
über die tatsächliche Ansteckungsgefahr hinaus. Sie
verweisen auf Ängste, die sich aus anderen Motiven speisen
als die reale Gefahr allein.
----
*Ein erworbenes Immundefektsyndrom liegt bei
nachgewiesener HTLV-III/LAV Infektion vor, bei denen
Krankheiten auftreten, persistieren oder rezidisieren, die
auf Defekte im zellulären Immunsystem hinweisen und bei
denen für diese Defekte keine bereits bekannten Ursachen
vorliegen." (Gesundheitsamt)

**LAS (Lymph-Adenopathi-Syndrom) oder ARC (AIDS
related complex)

Eine Grundangst liegt in der Krankheit selber: die Vorstellung, den Viren, Bakterien und Pilzen hilflos ausgeliefert zu sein, rührt an die Angst, bei lebendigem Leibe aufgefressen zu werden. Die Aussicht, einem Kampfe im Leibe tatenlos zusehen zu müssen, der die eigene fleischliche Existenz vernichtet, ist bestürzend

An diese Grundangst rühren die Presseschlagzeilen, die die Krankheit als unsichtbaren, subversiven Gegner darstellen, gegen den es in den Kampf zu ziehen gilt.

Der Kampf gegen die kleinen Erreger ist nicht neu, doch wurde er bislang an der Reinlichkeitsfront geführt: in übertriebener Hygiene und Desinfektionsritualen, die auch im Zusammenhang mit AIDS sich wiederbeleben (so, wenn ein ganzer Bus desinfiziert wird, weil ein Kranker mit der Diagnose AIDS sich darin befand). Solche Reaktionen gehen an der tatsächlichen Ansteckungsgefahr weit vorbei, zeigen jedoch die Verbindung von AIDS mit Schmutzigem, Unreinem, Ekelerregendem auf. Von dort bis zur Sünde ist es nicht weit, und wir haben den Verdrängungskomplex der bürgerlich-kapitalistischen Gesellschaft vor uns (vgl. A. 6), in der das schmutzige, sündige Sexuelle durch die Stilisierung von Reinlichkeit und Sittlichkeit gebannt und unter Kontrolle gehalten werden muß.

Die Aussichtslosigkeit des Kampfes, die bisherige Kapitulation der Medizin, um in dem Bild zu bleiben, verstärkt die Gefühle von Hilflosigkeit und das Bedürfnis, diesem Phänomen über mehr Kontrolle und Reinlichkeit (Seuchengesetz) zu Leibe zu rücken.

Doch steht die Hilflosigkeit der Medizin in Zusammenhang mit der Hilflosigkeit der Betroffenen und Betreffbaren. Sie drückt dasselbe duale Verständnis von Geist und Körper aus, das unsere Kultur kennzeichnet. Gewohnt, den Leib als funktionierende Maschine zu betrachten, hat der Mensch verlernt, auf die Botschaften des Körpers zu achten. Die Einnahme von Antibiotika schon bei geringfügigen Auslösern lehrt das Abwehrsystem, die eigene Tätigkeit abzuschwächen, sodaß seine Kraft nicht ausreicht, wenn es um die Abwehr größerer Krankheiten geht (vgl. A. 7)

Die Untersuchung des komplexen Geschehens "Immunsystem" ist Randgebiet der traditionellen Medizin, da sein Verständnis die Berücksichtigung psychischer, sozialer und somatischer Faktoren erfordert, was nicht zu ihrem Ursache-Wirkungs-Modell gehört. Ganzheitliche gesundheitliche Ansätze betonen, daß die Art der Ernährung und der Lebensstil ebenso auf das Immunsystem einwirken wie die Haltung zum Leben (die seelische innere Kraft) und die jeweilige Lebenssituation. Der Mensch, der mit seinen leiblichen vegetativen Prozessen in Übereinstimmung lebt, verfügt auch über Widerstandskraft gegen krankhafte Veränderungen. Belastungssituationen erzeugen Streß, der die Abwehr schwächt und den Menschen daher anfällig macht für Infektionen. Und AIDS ist eine Immunschwäche. Dies läßt sich bei allen Unklarheiten und Strittigkeiten eindeutig feststellen. Ebenso eindeutig ist, daß der Virus allein die Krankheit nicht erklären kann, da eine Mehrheit, die den Virus trägt, bislang an AIDS nicht erkrankt ist. Zwar weiß man zur Zeit nicht, wie lange die Inkubationszeit (die Zeit zwischen Ansteckung und Ausbruch einer Krankheit) dauert, doch deuten die bislang vorliegenden Daten an, daß bei einer Anzahl von Menschen die Krankheit mit dem Vor- oder Zwischenstadium (LAS, ARC) abklingt. Das macht die Krankheit rätselhaft. Dies verbindet sie mit einem anderen chronischen Leiden, das vor zwei Jahrzehnten die Geisel der Menschheit zu werden verhieß: Krebs.In beiden Fällen versagt die Erneuerungsfähigkeit des Körpers, Fremdzellen, die Infektionen verursachen, abzustoßen (AIDS) oder entartete Zellen zu vernichten (Krebs).

Was sie unterscheidet, ist die Gewöhnung, die mäßigen, aber doch vorhandenen Erfolge in der Krebsbekämpfung und die Infektionsgefahr, die zu weiteren archaischen Ängsten Anlaß gibt, besonders in der Verbindung mit Homosexualität. Was sie unterscheidet, ist der unterschiedliche psychodynamische Hintergrund: AIDS-Patienten sind "geborene" Opfer, Menschen, die ihr Schicksal als ausweglos hinnehmen, ein Schicksal, dem sie ausgeliefert sind. Als Homosexueller geboren zu sein bedeutet gesellschaftlich: Teil einer Subkultur zu sein, deren Zugehörigkeit nicht zu ändern ist, da er seine geschlechtliche Zuneigung nicht über Nacht wechseln kann. Damit wird er zwangsweise Angehöriger dieser Subkultur. Prostituierte zu sein bedeutet geschlagen und/oder mißhandelt worden zu sein. Aus ihnen werden nicht von einem Tag zum anderen angesehene werden nicht von einem Tag zum anderen angesehene Hausfrauen und Mütter. Haitianer oder Afrikaner zu sein bedeutet: arm, ausgebeutet und erniedrigt zu sein. Sie wandeln sich nicht von heute auf morgen zu selbständigen machtvollen Staatsbürgern. Caroline Myss, heilende Hellseherin aus USA, sieht in der Opfer-Mentalität den entscheidenden Faktor für den Ausbruch von AIDS, der Hausfrauen, Homosexuelle, Prostituierte, Haitianer und Afrikaner verbindet. (Vortrag auf der "Heilungs-Konferenz", Findhorn, April 1987). Krebs-Patienten hingegen sind "gewordene" Opfer. Sie waren mit traumatischen Situationen konfrontiert, die Empörung und Wut in ihnen auslösten, doch hindern sie Schuldgefühle und Furcht daran, sich solche Gefühle zuzugestehen.

Was Krebs und AIDS verbindet ist, daß der Mensch in seinem Kern getroffen ist, in seiner Zellstruktur, die sich anschickt zu sterben. Auch wenn der somatische Prozeß und der psychodynamische Hintergrund im einzelnen ein unterschiedlicher ist, so drängt sich doch die Gemeinsamkeit im Bild der Lebensleiden auf: den Reich'schen Biopathien, in denen die am Leben gehinderte Energie sich gegen die eigene materielle Basis richtet und sie zerstört. Das Gefühl der Ohnmacht und der Furcht versetzen das Immunsystem in Hochalarm, unter chronischen Streß, dem es auf Dauer nicht gewachsen ist und unter dem es zusammenbricht.

In den allgemeinen Katrastrophenängsten vor Vernichtung atomarer, ökologischer und psychischer Art (über Isolation und Vereinsamung) spiegeln sich Lebensleiden in doppelter Weise wieder. Sie reflektieren eine Opfer-Mentalität, die sich hilflos und machtlos in ihr Schicksal ergibt. Jeder Versuch einer Einflußnahme erscheint von vornherein zum Scheitern verurteilt. Zugleich drückt sich in ihnen eine Sensibilität aus gegenüber der tatsächlich vorhandenen Bedrohung des Planeten. Die Erde als lebendiger Organismus steht unter der konstanten Bedrohung nuklearer Vernichtung, was ihr Verteidigungs-, ihr Immunsystem unter chronischen Streß versetzt. Auch sie reagiert mit "Krankheit": mit ökologischer Zerstörung.

Der Verlust einer sicheren Lebensbasis und Zukunftsperspektive, Entwurzelung, Isolierung und Vereinsamung schlagen sich beim Menschen sowohl in der Zunahme chronischer Krankheiten wie Herzinfarkt, Krebs und AIDS nieder als auch in der Zunahme "sozialer" Krankheiten wie Alkoholismus, Medikamentenabhängigkeit und Drogensucht. Die Konzentration auf AIDS lenkt ab von dem allgemeinen Problem der Entfremdung und Entmachtung, deren Ausdruck diese Leiden sind (vgl. A. 7). In diesem Sinn ist AIDS die "Spitze eines Eisbergs", in dem lebensfeindliche Bedingungen ebenso eingefroren sind wie das gesamte Spektrum psychosomatischer, sozialer und psychischer Störungen, die aus ihnen folgen. Doch ist solch ein Eisberg nicht so attraktiv und publikumswirksam, wie die Kombination von Sexualität und Tod, die sich zudem auf eine Gruppe projizieren läßt.

Aber sind bei Homosexuellen, die doch symbolisch in der öffentlichen Phantasie für unbegrenzten sexuellen Genuß und sorgenfreies exotisches Leben stehen, die vitalen Lebensenergien am Ausdruck gehindert?

Das Unmäßige, Unbegrenzte, was die öffentliche Phantasie füllt: die darin beschworene Freiheit des Auslebens sinnlicher Bedürfnisse, erweist sich bei näherem Hinsehen mindestens ebenso sehr als Leistungsanforderung und Streß wie als Genuß.

"Geht man heute wachen Auges durch die schwule Subkultur, drängen sich nicht gerade Gedanken an eine geglückte, "sexuelle Befreiung" auf. Durch die hektische Suche nach dem nächsten Sexualpartner schimmert Verzweiflung, das ständige Anbieten, Werben, Konsumieren macht müde. Die Freiheit der Partnerwahl zu jeder Zeit, an jedem Ort, hat sich in ihr Gegenteil, in hilflose Verführbarkeit verkehrt... Sexualität ist zur Sucht geworden, die Freiheit der Wahl zur neuen Abhängigkeit." (Frings in Hinz,1984, S. 196f)

Und darin unterscheiden sich Homos nicht von Heteros, die ihre Haut auf den Beutemarkt der Geschlechter tragen.

Die sexuelle Befriedigung ist keine Frage der Quantität, sondern der Qualität: der Fähigkeit, sich den vegetativen Strömungen des Leibes im Orgasmus zu überlassen. Die Anonymität der geschlechtlichen Begegnung mag das Ausleben der physischen Begierden erleichtern, da emotionale Rücksichtnahmen ihre Leidenschaft nicht hindern. Eine geschlechtliche Begegnung jedoch, die nicht nur die leiblichen, sondern auch die seelischen Bedürfnisse befriedigt und in der leibliches und seelisches als Einheit erfahren werden kann, verlangt mehr: Ich muß mich auf das Wesen des anderen einlassen können, nicht im Sinne der bürgerlich geforderten Zweierbeziehung oder Ehe, sondern im Sinne der Begegnung, des Austausches, des Miteinanders und Aneinanderwachsens und Reifens (vgl. A. 15)

Die traditionelle bürgerliche Ehe gewährleistet solch eine Begegnung durch die Verdrängung der sexuellen Triebe und damit der lebendigen Energie nicht. Im Gegenteil: die verdrängte Lust führt zum psychischen Tod oder kehrt sich um in Haß und Gewalt, in Lebensfeindlichkeit, die in Endzeitängsten sichtbar wird.

Die von den Homosexuellen am konsequentesten praktizierte Alternative der Promiskuität scheint die Lösung jedoch auch nicht zu sein. Hinter ihr steckt - ob in homo- oder heterosexueller Variante - oft die Flucht vor der eigenen Leere, der Einsamkeit, der Isolation. Sie ist die außen gesuchte Bestätigung der eigenen Identität, die innerlich nicht gefunden werden kann. Sie ist das Verleben sexueller Anreize statt Ausdruck tieferer und damit Kraft gebender Begegnungen (vgl. A. 7). Promiskuität ist nicht von vornherein die Entscheidung für die freie Liebe, sondern oft auch der Mangel einer befriedigenden monogamen Beziehung.

"Wenn meine Wünsche wahr werden, würde ich sofort in einer monogamen oder nahezu monogamen Beziehung leben - nicht um meine Gesundheit zu schützen, aber weil ich es an diesem Punkt meines Lebens als den zufriedenstellendsten Weg zu leben empfinde ... In den zweieinhalb Jahren, seit ich wieder allein war, traf ich einen Mann, mit dem ich bis ans Ende der Welt gegangen wäre; nur daß er nicht viel weiter als über die 14. Straße gehen wollte. Da gab es auch einen Mann, der anklingen ließ, mit mir bis ans Ende der Welt zu gehen. Er war ganz nett, aber wir entwickelten einfach keine Spannung, weder im Bett noch außerhalb... (Charles Jurrist: "In Verteidigung der Promiskuität. Harte Fragen über die

*Realität des Lebens." N.Y. Native vom 6.12.82, zit.
nach Rühmann, 1985, S. 123)*

Die Situation wird für Homosexuelle dadurch fataler und auswegloser, weil ihre Identität an die Promiskuität gebunden ist. Nur in der geschlechtlichen Begegnung können sie sich als Schwule ausweisen. Angesichts ihrer Fremdheit in einer heterosexuellen Gesellschaft können sie darin ein Stück Heimat finden. Der Aufbau einer darüber hinausgehenden Identität ist der Homosexuellenbewegung nicht gelungen.

Wie labil, verletzlich und angreifbar des Selbstbewußtsein als Schwuler ist, zeigt ihre eigene Reaktion auf die kollektive Bedrohung durch AIDS und die Öffentlichkeit:

- <u>Distanzierung</u>: *"Ich lebe nicht so"; "Die haben es wirklich zu weit getrieben"*
- <u>moralische Schuldbekenntnisse</u>: *"wir sind die Schwulen, die Opfer von AIDS wurden... wir, die Ausgedienten der Piste, müssen akzeptieren, daß wir unser Immunsystem mit gewöhnlichen Viren und anderen sexuell übertragbaren Krankheiten überlastet haben. Unser Lebensstil hat die gegenwärtige AIDS-Epidemie unter Schwulen hervorgebracht ..."* (Michael Callen und Richard Berkowitz: "We know who we are", N.Y. Native vom 8.11.82, zit. nach Rühmann, 1985, S. 123)
- <u>eigene Strafbedürfnisse</u>: *"Ich kriege das, was ich verdiene"* (Frank Ripploh, in Hinz, 1984, S. 67)

wechseln ab. Sie zeigen, wie stark unter dem Druck der Angst das Bedürfnis ist, durch die heterosexuelle Mehrheit akzeptiert zu werden. Sie machen deutlich, wieviel an eigenen Schuld- und Sühnebedürfnissen über die homosexuelle Neigung bei ihnen selber vorhanden sind, wie sehr sie selber den kulturellen Mustern verhaftet sind, die ihnen die Heterosexuellen zuschreiben: die personifizierte Ausschweifung und Sünde zu sein, die jetzt Gottes gerechte Strafe trifft. Die früh verinnerlichten negativen Bilder von Homosexuellen, mit denen sie bei Entdeckung der eigenen homosexuellen Neigung zum ersten Mal konfrontiert sind, beleben sich unter dem Druck der öffentlichen Schuldzuschreibung.

Ihre Reaktion belegt, daß ihre sexuelle Freiheit keine Freiheit im Sinne der Verwirklichung tiefer sexueller Befriedigung war (und ist), aus der die Kraft für einen gemeinsam getragenen Wandel kommen könnte, sondern eine Stabilisierung der Identität von außen. Die Promiskuität, die zur Quelle ihrer Gefährdung wird, läßt sich nicht einfach auflösen. Sie erfüllt - wie gesagt - eine doppelte Funktion: sie erlaubt ihnen die soziale Identifikation als Schwule in der Subkultur und sie überdeckt die eigene individuelle Leere, die eigene Ohnmacht, die eigene Beziehungsunfähigkeit oder subkulturelle Unmöglichkeit. Angesichts dieser Alternative stellt sich für viele die Wahl subjektiv dar als eine Wahl zwischen psychischem und leiblichem Tod. Solch eine Wahl legt ein verantwortliches Umgehen mit der realen Bedrohung AIDS nicht nahe, macht "safer sex" nicht attraktiv. Die Aufhebung dieser falschen, dualen Alternative kann nur darüber erfolgen, daß andere identitätsstiftende Faktoren gefunden werden, die - dialektischerweise - in AIDS in der Notwendigkeit zur Solidarisierung mit angelegt sind und in den Selbsthilfeorganisationen in den USA entwickelt werden. Die Betroffenheit durch den Tod von Lebensgefährten, Freunden und Bekannten aktiviert auch diejenigen, die sich bislang aus politischen Aktivitäten herausgehalten haben. Sie führt zu Diskussionen um ein verändertes Selbstverständnis. Sie zwingt zur Ehrlichkeit gegenüber der eigenen Familie. Sie fordert eine Veränderung der Opfer-Mentalität, die Übernahme der Verantwortung für die geschlechtlichen Vorlieben, das Nachdenken über Ohnmacht und Macht und die Entfaltung innerer Kraft- und Machtpotentiale.

Geschieht dies nicht, so wird in der Koppelung öffentlicher Reaktionen mit eigenen und zugeschriebenen Schuld- und Sühnegefühlen die Homosexualität selber für sie zum Risikofaktor. In der Fremd- und Selbstdefinition als "schwul" zeichnet sich eine gefährliche Spirale selbsterfüllender Prophezeiungen ab: Äußere Abwertung und innere Schuldgefühle schwächen das Selbstbewußtsein, was sie anfällig macht für weitere innere und äußere Bedrohungen, die wiederum das Selbstbewußtsein reduzieren. Dies wirkt sich schwächend auf die Abwehrkräfte aus und macht sie anfälliger: nicht nur für AIDS, sondern das ganze Spektrum psychosomatischer, sozialer und psychischer Krankheiten, was wiederum die Spirale in Gang hält.

Doch reagieren sie auch sehr zu Recht auf erfahrene zunehmende Diskriminierung, Isolierung und Ausgrenzung. Die heterosexuelle Männerwelt rüttelt an ihrem Selbstverständnis, erklärt sie zu Schuldigen für die Verbreitung der Krankheit, die drohende Apokalypse, versucht, sie zu isolieren und zum Teil zu vernichten.

Abgefallen von der männlichen Solidargemeinschaft werden sie, ebenso wie die Frauen, zu Repräsentanten des Bösen, wie zahlreiche Bibelstellen belegen.

"Desgleichen auch die Männer haben verlassen den natürlichen Brauch des Weibes und sind einander erhitzt in ihren Lüsten und haben Mann mit Mann Schande getrieben und den Lohn ihres Irrtums an sich selbst empfangen." (Römerbrief, Kapitel 1, Vers 7)

Und die gerechte Strafe bleibt nicht aus:

"Wenn jemand beim Knaben schläft wie beim Weibe, die haben einen Greuel getan und sollen beide des Todes sterben." (3. Mose, Kapitel 20, Vers 13)

Die Verknüpfung von Homosexualität mit Strafe, Krankheit und Tod hat lange christliche Tradition, die in die Tiefenschichten der menschlichen Seele eingegraben ist und angesichts einer kollektiven Bedrohung aus den Schlupfwinkeln der Katakomben des Unbewußten hervorkriecht, bei den Heteros ebenso wie bei den Homos.

Die Bezeichnung "Lustseuche" bringt AIDS in Zusammenhang mit der Ausbreitung der Syphilis im 15. Jahrhundert, in der sexuelle Ausschweifung im Empfinden der Bevölkerung mit Krankheit und Tod bestraft wurde. Die Bezeichnung "Schwulenpest" läßt offen, was gemeint ist: Ist AIDS die Pest der Schwulen oder sind die Schwulen selber Pest? Und ist AIDS die gerechte Strafe für die "Pest" Homosexualität?

Die Unterscheidungen fallen nicht leicht angesichts der Lebensgefahr, die AIDS für Homos wie für Heteros bedeutet, doch ist der Umgang gemäß dem Grad der Betroffenheit ein anderer. Homosexuelle verweigern die männliche

heterosexuellen Männern Rache- und Verfolgungsgefühle
auf, deren Schärfe schon verwundert.* Sie scheint mir vor
allem von zwei Quellen gespeist: der Abwehr eigener
homoerotischer Impulse und der Identifikation der
Homosexuellen mit dem Weiblichen. Der heterosexuelle
Mann opfert seine homoerotischen Impulse, die er
gegenüber dem Vater hegt, der Rivalität mit ihm und der
geselleschaftlichen Ächtung. Der gemeinschaftliche Besitz
von Frauen erlaubt ihm jedoch eine indirekte Befriedigung
solcher Strebungen (vgl. A. 2)

Daß Männer diese Wünsche in der geschlechtlichen
Form leben, bedeutet "Ansteckungsgefahr" in zweifacher
Weise (und in diesem Sinne ist die "Schwulenpest" ein
durchaus ambivalenter Begriff): der Durchbruch eigener
homoerotischer Impulse darf nicht zugelassen werden, da
solche Regungen eigene Ängste und Schuldgefühle wecken
und von daher an den Homosexuellen bekämpft werden
müssen. Die Ungebundenheit der Homosexuellen erweckt
Neid auf das "sorgenfreie reiche" Leben, das die Entlastung
von familiären Verpflichtungen ihm ermöglicht. Es verlockt
den Heterosexuellen dazu, selber männlich frei zu bleiben. So
"exkorporiert" er seine hiomoerotische Seite und sein
Freiheitssstreben in der Bekämpfung und Verfolgung des
Abtrünnigen und sei es auch "nur", indem er die Rache
Gottes auf dessen Haupt hinunterbeschwört oder mit
Befriedigung und eigener Beruhigung an AIDS als Gottes
Strafe für die sündige Lust glaubt, die seine Enthaltsamkeit
legitimiert.

*"Was die Homosexuellen vergessen haben, ist daß
Gott der Schöpfer des menschlichen Lebens und der
menschlichen Geschlechtlichkeit ist. Er hat die Ehe
eingesetzt und hat Gesetze in Kraft treten lassen, die
gesunde und treue Ehe- und Sexualbeziehungen
zwischen Mann und Frau regeln. Der Mensch will
sich über Gottes Gesetze hinwegsetzen. Das geht
aber nicht. Sie lassen nicht mit sich spaßen. Die
einzige sichere Lösung für diese oder andere
gesellschaftliche Unglücke ist Vorbeugen. Und das
heißt, nach Gottes Gesetzen, die er in Kraft gesetzt*

- - - - -

*Eine ähnlich intensive Reaktion kann ich mir bei
Frauen gegenüber Lesben nur schwer vorstellen.*

hat, um ein reines und seuchenfreies Geschlechtsleben führen zu können, zu leben."
(Donald D. Schroeder in: Klar und wahr", 1983, zit. nach Hinz, 1984, S. 60)

Doch schreckt er auch nicht davor zurück, Gewalt anzudrohen wie der Psychologe Paul Cameron aus Omaha, Nebraska, im New Yorker Programm des Kabelfernsehens, der äußerte,

"daß die Vereinigten Staaten in einigen Jahren möglicherweise darüber nachdenken müßten, alle Homosexuellen auszurotten, um AIDS unter Kontrolle zu bekommen." (Rühmann, 1985, S. 184)

Daß es zu solch krassen Äußerungen in der Bundesrepublik noch nicht gekommen ist, heißt nicht, daß solche Phantasien nicht auch hier vorhanden sind. Doch hält die noch erinnerliche Verfolgung der Homsexuellen im Faschismus die Zunge im Zaum. Zum anderen delegiert der Deutsche solche Aufgaben in bürgerlicher Tradition gerne an den Staat (vgl. A. 6)

Der zweite Grund für die Schärfe der Rachegefühle bei Heterosexuellen liegt in der Identifikation des Homosexuellen mit dem Weiblichen. Der Homosexuelle vollzieht am konsequentesten die Abkehr vom Weibe, das ja auch ihn geboren hat.* In dieser Abkehr erwirbt er aber zugleich Züge des Weiblichen, indem er die heterosexuelle Männlichkeit, die auf der Ablehnung des Weiblichen basiert, verweigert. So rückt er in die Nähe des sündigen Weiblichen, das zu bekämpfen, zu kontrollieren und in Schach zu halten schon seit Jahrtausenden Aufgabe der Männerwelt ist.

Wie weit die Abkehr Folge eines natürlichen, auf den Mann gerichteten Sexualtriebs ist oder eine neurotische Vermeidung der weiblichen Gefahr darstellt, ist eine andere Diskussion. Denkbar sind in den konkreten Fällen beide Motive.

Seine Identifikation als Schwuler über das Medium Sexualität trägt zu dieser Identifikation des Schwulen als "weiblich": zumindest als nicht-männlich bei, wobei die Tunten als Symbol des allzeit sichtbaren Schwulen sich durchaus der weiblichen Symbolik bedienen.

In der öffentlichen Phantasie über die Sexualpraktiken Homosexueller wiederbelebt sich das Unmäßige, Unbegrenzte (in der Anzahl der Partner, der Anzahl der geschlechtlichen Begegnungen), was sonst dem Weibe vorbehalten ist. Dieser Aspekt scheint mir mindestens so bemerkenswert wie der männliche Sexualneid, der sich darin auch ausdrückt.

Daß Homosexuelle das, was über äußere und innere Zensur so erfolgreich am Weibe über Jahrtausende unter Kontrolle gehalten wurde, so ungeniert leben, empört die Männerwelt. Dies beschwört den Zorn Gottes, der jetzt mit AIDS für die eigenen Rachebedürfnisse tätig werden soll wie schon in früheren Jahrhunderten mit der Pest und der Syphilis.

Homosexualiät und Weiblichkeit werden jedoch auch auf einer ganz anderen Ebene legiert: in der gemeinsamen Rebellion gegen geschlechtsspezifische Fixierungen Ende der Sechziger, Anfang der Siebziger Jahre. Sie vereint der Versuch, Herrschaftsstrukturen abzubauen, die bürgerliche Kleinfamilie aufzubrechen und veränderte Formen von Sexualität zu praktizieren. Diese Rebellion wurde gestützt durch die ökonomische und politische Aufbruchstimmung jener Zeit, die jedoch nicht lange währte. Zunehmende Arbeitslosigkeit, Rücknahme der Reformen, Terrorismus, öffentliche Diskussionen über die Zerstörung der Umwelt und die atomare Bedrohung schürten ab Mitte der Siebziger ein Klima der Angst, das alte Bedürfnisse nach mehr Sicherheit statt mehr Freiheit stimulierte.

Konservative Ideologien sahen ihre Chance gekommen, die angegriffene Stellung der Familie als Keimzelle des Staates neu zu festigen. Sie schoben den Frauen die Verantwortung für die Krisensituation zu: für die geschwächte Stellung des Familienvaters, die Unsicherheiten des Mannes über seine Rolle, selbst für die

Zunahme homosexueller Männer als Symbol für den Entzug aus sozialen Verpflichtungen (vgl. auch Rühmann, 1985, Kap. 5). Daß Frauen als Mütter gemäß bestimmter psychoanalytischer Vorstellungen auch im alten Rollenverständnis für die Ausprägung homosexueller Tendenzen verantwortlich gemacht wurden; daß der Verfall der väterlichen Autorität von der Frankfurter Schule schon vor der Liberalisierungswelle festgestellt wurde, sei der Klarstellung halber erwähnt.

Veränderte kapitalistische Produktionsbedingungen und damit einhergehende Veränderungen der familiären Struktur haben Einfluß auf das soziale Geschlechterarrangement. Bemerkenswert ist bei den Strategien konservativer Ideologien, daß diese Veränderungen dem Geschlechterarrangement selber als Ursache zugeschrieben werden. So können sie als Waffe genutzt werden.

Die Auseinandersetzung um AIDS erweist sich gesellschaftspolitisch als Konflikt zwischen den sexualverneinenden Werten der bürgerlich-patriarchalen Gesellschaft und den sexualaufklärerischen Ansprüchen der Studentenbewegung, der Homosexuellenbewegung, der Frauenbewegung. In der Praxis sind diese Ideen zur technologisch-rationalen Scheinlösung sexueller Reizstimulation verkümmert. Der Druck der tödlichen Krankheit läßt eine notwendige sachliche Überprüfung dessen, wohin die sexuelle Freiheit geführt hat, gar nicht zu, weil die Lösung im technologisch-rationalen oder konservativen schon vorgegeben ist. Vorschläge zum "safer sex" erwecken den Eindruck, als würde das, was an vitaler Energie in den Sexualpraktiken noch zum Ausdruck drängte, nun vollends auf Reizstimulation reduziert. Liebestechniken sollen menschliche Begegnungen ersetzen. Die Art und Weise, in der "safer sex" in den USA propagiert wird, läßt darauf schließen, daß eine mündige Auseinandersetzung mit den anstehenden Fragen von Homosexuellen gar nicht erst erwartet wird. Stattdessen werden sie verhaltensmäßig umkonditioniert. In Anbetracht des gesellschaftlichen Drucks, der von der bürgerlich- puritanischen Seite in den Forderungen nach geschlechtlicher Treue, Monogamie und Abstinenz aufscheint, wirken solche Vorschläge jedoch technologisch fortschrittlich.

Der Druck der konservativen Kräfte zielt nur zum Teil auf die homosexuelle Front. Er ist mindestens ebenso stark, wenn nicht stärker, auf die Disziplinierung der Abtrünnigen in den eigenen heterosexuellen Reihen und auf die Stärkung der "Willfährigen" gerichtet. AIDS legitimiert den Preis des psychischen Stillstandes für die eigene verdrängte Lust. Die todbringende Krankheit beschwichtigt den Sexualneid und den Neid auf das ungebundene Leben. Sie bringt den bürgerlich-monogamen Mann ins Gleichgewicht.

Der abtrünnige heterosexuelle "Single", der das promiskuitive Verhalten des Homosexuellen teilt (wobei nicht die Frage der Quantität entscheidet, sondern das Faktum als solches) und der daher der bürgerlich-puritanischen Moral ein Dorn im Auge ist, läßt sich über AIDS gleich mitdisziplinieren, was angesichts der Brüchigkeit der Ehen, der hohen Scheidungsziffern und der "Single-Kultur" bislang keine leichte Aufgabe war. Die Zunahme und Verbreitung von AIDS zwingt die heterosexuellen Männer, ihr Verhalten zu überprüfen. Sie müssen mit ähnlichen Repressionen rechnen, wie Homosexuelle sie erfahren, wenn sie den Anspruch auf Promiskuität oder Bisexualität nicht aufgeben und damit selber zu potentiellen Trägern des Virus werden. Veränderungen in der "Single-Kultur" zeichnen sich bereits ab.

Und - last not least - kann das Übel mit der Wurzel ausgerottet werden: den Frauen und ihrem Anspruch auf Selbstbefreiung. In der amerikanischen Diskussion ist diese Linie nachzeichenbar: wenn das veränderte Rollenverhalten der Frauen dazu geführt hat, daß immer mehr Männer homosexuell werden, so geht auch das Problem AIDS letztlich an sie zurück. Damit können Frauen erneut an die Kandare genommen und den Rollenbildern unterworfen werden, aus denen sie gerade aufgebrochen sind. So schließt sich der Kreis.

Für diese Aufgabe werden die Natur und die Krankheit selber zu Bündnispartnern.

'Die sexuelle Revolution hat damit begonnen, ihre Kinder zu verschlingen. Und unter der revolutionären Avantgarde, den homosexuellen Bürgerrechts- aktivisten, ist die Todesrate am höchsten und steigend ... Sie haben der Natur den

Krieg erklärt und nun fordert die Natur eine furchtbare Vergeltung." (Patrick J. Buchanan, N.Y. Post vom 24.5.1983, zit. nach Rühmann, 1984, S. 75)

In der Gleichsetzung der patriarchalen Ordnung mit der Natur werden die tiefgründigen Schrecken der Natur für die Aufrechterhaltung des christlich-patriarchalen Geschlechter- arrangements bemüht: das Grauen, das mit dem Unberechenbaren, Unkontrollierbaren am Ende der eigenen Existenz verbunden ist.

"Hier müßten die in der Natur existierenden Grundbedingungen für das Ausscheiden eines Lebewesens aus seiner Gruppe identifiziert werden. Es müssen Mechanismen existieren, die es nach Ablauf einer gewissen Zeit zum Ableben bestimmen, aber auch dann, wenn es seiner Gruppe durch Verletzung, Erkrankung oder Rangverlust nicht mehr nützlich ist. In der Selektion ist die Fortpflanzungsgruppe wichtiger als das Individuum. Ein solcher Mechanismus wird in der Richtung des Absterbens durch eine Schwächung des Immunsystems aktiviert..." (Prof. Dr. med. A. David Jonas, Würzburg, zit. nach Hinz, 1984, S. 46)

Hier wird die Nützlichkeit für die Aufrechterhaltung der patriarchalen Ordnung zum Kriterium, was den Blick verschließt für die nicht zu übersehende Schwächung des Immunsystems in der breiten Bevölkerung als Resultat allgemeiner Entfremdungsprozesse (vgl. A. 7)

Der Verweis auf die Naturhaftigkeit rührt noch auf einer tieferen Ebene an eine alte schmerzhafte Wunde: die Sterblichkeit des Leibes (vgl. A. 4). AIDS beschwört die Hilflosigkeit des Säuglings, die Isolation, die Trennung, die mit all den genannten gesellschaftlichen Strategien der Aufteilung, Kontrolle und Abspaltung aus dem Bewußtsein ausgeschaltet werden. Die Ärzte, die im Falle des Leidens in die Fußstapfen der allmächtigen Mutter treten, versagen. Sie erweisen sich selber als hilflos, sodaß der Mensch plötzlich mit seiner eigenen Hilflosigkeit konfrontiert wird angesichts eines Geschehens, was sich der rationalen wissenschaftlichen Kontrolle entzieht.

Die Angst vor der ursprünglich erfahrenen Isolation, deren letzter Ausdruck der Tod ist, wird belebt durch den öffentlichen Umgang mit AIDS: den staatlichen Überlegungen zur Anwendung des Seuchengesetzes, hinter der sich die Ausgrenzung der Homosexuellen verbirgt; den tatsächlichen Erfahrungen von Statusverlust, Verlust des Arbeitsplatzes, Freunden/Lebensgefährten, an körperlicher Attraktivität; Erfahrungen von wachsender Abhängigkeit von dem behandelnden Arzt und von Freunden und Lebensgefährten.

Diese Art des Umgang erinnert an Camus Darstellung der Pest.

"Eigenartig ist es schon, wie schwierig das Sterben in unserer Stadt sein kann. Schwierig ist übrigens nicht das rechte Wort. Ungemütlich wäre treffender. Kranksein ist nie angenehm, aber es gibt Städte und Länder, die einem in der Krankheit beistehen, wo man sich gewissermaßen gehen lassen kann. Ein Kranker braucht Freundlichkeit. Er möchte sich an irgendetwas halten können. In Oran jedoch verlangt alles nach Gesundheit; die Maßlosigkeit des Klimas, die Wichtigkeit der Geschäfte, die abgeschlossen werden, die Nichtigkeit der Umwelt, das rasche Hereinbrechen der Dämmerung und die Art der Vergnügen. Ein Kranker ist hier sehr allein, nun denke man gar an den Sterbenden. Er ist gefangen hinter hunderten von Mauern, die vor Hitze bersten, während zur selben Zeit eine ganze Bevölkerung am Telefon oder in den Cafes von Tratten, Frachtbriefen und Diskonto spricht. Dann wird man verstehen, wie ungemütlich der Tod, auch der moderne Tod sein kann, wenn er einen an solch einem gefühllosen Ort ereilt." (Bopp, in Hinz, 1984, S. 206)

Diese realen Erfahrungen verbinden sich oft mit der Ursprungserfahrung der Geburt, in der mit dem Verlust des ozeanischen Glücksgefühls im Leib zugleich der Schrecken des Todes gegeben ist. Es mag eine tiefsinnige Hinterlist darin liegen, daß den homosexuellen Mann mit AIDS die Auseinandersetzung einholt, der er in der Abwendung vom Weibe sich nicht stellen muß, indem er den Ort vermeidet, dem er in der Geburt gerade noch entronnen ist.

Die geheime Faszination der Gleichung von Sexualität, Geburt und Tod durchzieht die kollektiven Phantasien in der Bindung von sexueller Lust, Untergang und Vernichtung. Diese Faszination bahnt zugleich den Fluchtweg, indem der AIDS-Gefährdete oder -Betroffene im Sprung nach vorne die tödliche Bedrohung romantisiert. Er stellt sich scheinbar der Sterblichkeit des Fleisches, indem er dem Tode in antiphobischer Abwehr ein "Dennoch" entgegenhält. Provozierend schwärmt er vom "Ficken bis zum Tode" oder dem prickelnden Risiko der Ansteckungsgefahr (vgl. Heider in Hinz, 1984, S. 213). Damit steht er historisch in der heterosexuellen Tradition der Romantisierung von Liebe und Sexualität, die sich erst im Tode erfüllen kann. Die Sehnsucht nach Verschmelzung führt nicht zur Anerkennung der Sterblichkeit der menschlichen Hülle, sondern hat den Tod selber zur letzten Konsequenz: in Vermeidung des bewußten Annehmens menschlicher Begrenztheit. In der Romantisierung der Liebe, deren Kern der Verzicht auf die fleischliche Lust mit der Geliebten und damit der irdischen Erfüllung ist und die sich daher konsequenterweise nur im Tode bewahrheiten kann, wiederholt sich das bürgerlich-patriarchale Leitmotiv der Trennung der Frau in die Jungfrau Maria und die sündige Eva. Die Erotik wird ihrer lebensstiftenden, umwälzenden Kraft beraubt und durch den Tod ersetzt.

Tod ist jedoch eine Ermahnung an das Leben, daran, dem eigenen Leben Sinn und Fülle zu geben, das eigene Leben zu gestalten. Die Anerkennung der Sterblichkeit heißt, daß die Angst vor dem Tode das Leben nicht mehr bestimmt in seinen verschiedenen Abwehrformen, zu der die Verleugnung ebenso zählt wie das heroische Bezwingenwollen, das "Trotzalledem".

AIDS erfüllt auch diese Funktion. Die Unausweichlichkeit des Todes ist für manchen AIDS-Erkrankten die Chance, zu sich selbst zu finden, zu seinem inneren Kern, seiner Seele, die von geschlechtlichen Neigungen unberührt ist. Die Lebenslüge, in der viele Homosexuelle sich gefangen fühlen, wird sinnlos in Anbetracht der Gewißheit, daß die Krankheit dem Körper sichtbare Spuren eingraben wird. Angesichts der tödlichen Bedrohung faßt mancher AIDS-Erkrankte den Mut, die Familie und die Öffentlichkeit mit der Wahrheit der eigenen geschlechtlichen Neigung zu konfrontieren und sich damit von der Bürde der Geheimhaltung zu befreien. Mit der

Offenbarung der einen einzigen Tatsache, die sein Leben in solch entscheidender Weise geprägt hat, daß alle anderen Vorzüge dahinter verschwunden sind, können sich neue Erfahrungsräume eröffnen. Die Erleichterung darüber, aus der Opferrolle heraustreten zu können: der zu sein, der er ist, mag wesentlich dazu beitragen, daß viele AIDS-Erkrankte glücklicher sterben als sie je gelebt haben. In diesem Sinne birgt AIDS die Chance zur Transformation: die Chance, die eigene Opfer-Mentalität, die wir in unterschiedlichem Ausmaße alle teilen, zu erkennen und das Handlungspotential zu entwickeln, mit dem wir die drohende kollektive wie individuelle Vernichtung aufhalten können (vgl. Kap. VIII)

VII. DIE "ENTHEIMLICHUNG" DER GLEICHUNG
13. Die Aneignung des Leibes

Die technologisch-rationale Kultur, in der wir leben, legt uns nahe, daß der Geschlechterkampf und die Unterdrückung der Frau ihrem Ende entgegengehen. Frauen dürfen im Produktionsprozeß mitarbeiten. Junge Männer und Frauen gestalten sich in ihrem Aussehen so unterschiedslos, daß es manchmal schwerfällt, das Geschlecht zu bestimmen. Unsere Medien propagieren die Befreiung der Sexualität aus der Dunkelkammer des elterlichen Schlafgemachs, indem der Leib, das Weib, die Sexualität in die Öffentlichkeit gezerrt werden. Doch blicken wir näher hin, erkennen wir, daß Frauen an der Männerwelt teilnehmen, indem sie sich den "liberalisierten" Normen und Werten der Massenmedien unterwerfen und die eigene Weiblichkeit negieren, neutralisieren und verdinglichen.

Das Zentrum dieses Entfremdungsprozesses ist der Leib. Er ist die Quelle von Lust und Unlust, von sinnlichen und emotionalen Erfahrungen, die unser Grundverhältnis zur Welt prägen. Er formt den inneren Kern unseres Selbst, unserer Persönlichkeit, unserer Individualität. Er ist das zeitlich- räumliche Maß unserer Psyche, die durch ihre Entstehungsgeschichte und in ihrem Inhalt an ihn gekettet bleibt (vgl. A. 1)

Der Leib ist, was wir sind. In seiner Haut fühlen wir uns geborgen und beheimatet. Seine Lebendigkeit eröffnet uns den spontanen, kreativen Zugang zum Leben. Seine raumzeitliche Begrenzung ermahnt uns an die Gegenwart, das Hier und Jetzt, das Leben im Augenblick. Der Leib ist gegenwärtig. Ohne ihn sind wir leer, schal, äußerlich, uns fremd. Wir schweifen durch die Zukunft, verharren in der Vergangenheit, verpassen die Gegenwart. Wir bauen unsere Macht auf der Furcht vor unserer Sterblichkeit auf statt auf der Begeisterung für das Leben.

Die Verdrängung, Verleugnung und Abspaltung des Leibes: die Entfremdung trifft beide Geschlechter (wenn auch in unterschiedlicher Ausprägung) als Spaltung zwischen Seele und Körper, als Verlust der Heimat und Geborgenheit, als Verlust der Kreativität, als Trennung zwischen Liebe und Sexualität. Wenn mir die eigenen leiblichen Prozesse fremd sind, kann ich auch den Zugang zu meinem eigenen inneren Zentrum nicht finden und dem Zentrum des anderen nicht begegnen. Wenn ich mich in meiner Haut nicht geborgen fühle, ihr mißtraue, mißtraue ich auch der Haut des anderen. Ich kann die Kontrolle nicht aufgeben und Vertrauen nicht gewinnen. Wenn mir die Spontaneität, die Lebendigkeit des Leibes unheimlich ist, muß ich seine Lust, seine Impulse eindämmen und kontrollieren. Dann können die kreativen Kräfte sich nicht entfalten. Ich kann das Liebesspiel nicht gestalten und mich in der sexuellen Begegnung nicht öffnen. Daraus folgt, daß ich mir in einem bewußten Prozeß den Leib aneignen muß, damit der Leib ein Zuhause wird, in dessen Haut ich mich wohlfühlen kann. Ich muß in ihm die Basis schaffen, von der aus ich in die Welt ausgreifen und dem anderen begegnen kann. Ich muß ihn zu einem Behälter formen, aus dem heraus sich die lebendige Energie ausdrückt, verwirklicht und vergegenständlicht in der schöpferischen Gestaltung der Welt.

Die Aneignung des Leibes beinhaltet die Fähigkeit zu leiden, die Überwindung der Angst, der Enge (Angulus = Enge), in die wir uns zurückziehen. Wir schrumpfen statt uns in das Leben hin auszuweiten. Die Fähigkeit zu leiden bedeutet, daß wir das Risiko eingehen, abgelehnt und enttäuscht zu werden, wenn unsere Bedürfnisse und Sehnsüchte nach außen dringen.

Die Fähigkeit zu leiden bedeutet nicht, daß wir das Leiden um seiner selbst willen lieben sollen oder daß wir nur am und durch Leiden wachsen können. Sie ist die Tür zu den tieferen Gefühlen der Seele. Wenn wir sie öffnen, tragen uns die Schwingen der Freude in unserem Wachstum voran. Verschaffen wir uns keinen Eintritt, weil wir vor dem Leiden zurückschrecken, bleiben uns nur die oberflächlichen Vergnügungen, die schnell schal werden.

In der Öffnung, der Ausdehnung und Weitung liegt die Chance, mit dem anderen die Wut, die Enttäuschung, den Haß, die Ohnmacht, die Verzweiflung zu teilen. In der Erkenntnis des gemeinsamen Schicksals können wir die Isolation aufbrechen, den Haß, die Ablehnung, die Verzweiflung verwandeln in Liebe, Zärtlichkeit und Fürsorge, die sich hinter dem Wall der negativen Gefühle verbergen.

Sicherlich ist es nicht einfach, solch einem Anderen zu begegnen; jemandem, der die Intensität dieser Gefühle annehmen kann, der vor ihnen nicht zurückschreckt und sich zurückzieht, weil sie auf seinen eigenen Wall stoßen. Er muß seine eigene Mauer annehmen können, um den Anderen mit seinen Gefühlen annehmen zu können. Allzuoft verhindert das gemeinsame Schicksal des enteigneten Leibes (das gelernte Repertoire, die falsche Höflichkeit) die ehrlichen Begegnungen, die der Wahrheit eine Chance geben. So erhalten viele heute innerhalb der therapeutischen Kommunikation - sei es in Selbsthilfegruppen, sei es im therapeutischen Rahmen - zum ersten Mal eine Ahnung davon, was echte Kommunikation sein kann. Sie begegnen jemandem, der vor der Vielfalt menschlicher Ausdrucksmöglichkeiten nicht zurückscheut, so daß sie sich über diesen Spiegel mit den warmen und feindlichen Seiten in ihnen anfreunden und sich in ihrer Gesamtheit annehmen können.

Die Fähigkeit zu leiden öffnet den Blick für die Signale des Körpers. Sie gibt uns die Chance, die Bedeutung seiner Botschaften zu entschlüsseln, sie als Hinweise für die gestörten Verhältnisse unserer Lebenswirklichkeit zu begreifen und daraus Ansätze für eine Veränderung auf gesündere Bedingungen hin zu entfalten. Das heißt, das wir zum Leibe ein partnerschaftliches statt einem kontrollierenden, herrschaftlichen Verhältnis entwickeln und unsere Feindschaft und Gleichgültigkeit gegen ihn einstellen müssen. Dies kann nur gelingen, wenn wir begreifen, daß der Leib und wir, unsere Psyche, unser Verstand zusammengeschweißt sind.

Wir müssen den Leib wieder enst nehmen in seinen eigenen Rechten und Bedürfnissen nach Lust, Spiel, Entspannung und Vergnügen, nicht im Sinne einer Leistungspflicht, um die "Maschine" Körper funktionstüchtig zu erhalten, sondern als leib-seelischer Genuß, als Freude und Wonne.

Das heißt, daß wir die Energien, die wir eingebunden haben in einen muskulären Panzer und die wir gestaut haben in der Gewebestruktur des Körpers, aus ihrer Fesselung befreien und sie ins Gleichgewicht bringen. So können wir die Selbstheilungskräfte des Körpers in Gang setzen, kräftigen und bewahren, die uns besser als der Medizinapparat vor den Unbilden des Lebens schützen.

Wie dies im einzelnen geschieht, hängt ab von den Bedürfnissen und Notwendigkeiten jedes einzelnen wie den faktisch vorhandenen Möglichkeiten. Für den einen kann das Problem darin liegen, sein Energieniveau zu erhöhen, um überhaupt Ausdauer und Konzentrationsfähigkeit zu entwickeln, die das Ersehnte erreichbar werden läßt. Für den anderen mag das Problem darin liegen, daß die vorhandene Energie nicht ausgedrückt werden durfte und daher nicht verfügbar ist. Gemeinsam ist ihnen, daß die chronische Einschränkung der Lebensenergie in der Regel unter der tödlichen Bedrohung der allmächtigen Mutter oder der kastrierenden Rivalität des Vaters zustande kam.

Die subjektiv gedeutete Lebensgefahr kann in unterschiedlicher Weise von dem Kind erfahren worden sein: als Ablehnung der gesamten Person und der Angst vor Vernichtung der eigenen Existenz; als ohnmächtige, wutgeladene Angst vor ihrem Verlust, vor dem Verlassenwerden; als Demütigung, Beschämung, Beschneidung eigener autonomer Regungen oder als erlittene Kränkung, verletzter Stolz über die Ablehnung der sexuellen Begierde durch den begehrten Elternteil. Wie immer sie erlebt wurde, die Konsequenz ist die gleiche. Die als lebensgefährlich empfundenen Bedürfnisse werden aus dem Bewußtsein entfernt, verdrängt und abgespalten. Die Konfrontation mit dem Kern der Erfahrung bedeutet ein tödliches Risiko, da die alten Wunden aufbrechen und der Schmerz neu erfahrbar wird.

Im Wiedererleben, im Ausdrücken der Gefühle befreien sich die vitalen Energien aus der Einkerkerung des Leibes und bringen Freude und Lust zurück ins eintönige Leben. Eine neue Tiefendimension eröffnet sich: wir erleben die Menschen, die Dinge, die Situationen, die uns begegnen, intensiver, farbiger, nuancenreicher. Das Strömen der Energie befreit die Psyche von zwanghaften Wiederholungen althergebrachter Muster und verändert eingefahrene Bahnen. Wir erkennen, daß wir das Leben genießen können, wenn wir die alten Programme über Bord werfen. Wir erfahren, das alles da ist, was uns fehlt. Wir brauchen nur zuzugreifen.

Das Abstreifen vertrauter Häute geschieht nicht über Nacht. Der Prozeß trägt Risiken in sich, führt durch Schmerzen hindurch, formt unsere Fähigkeit zu leiden aus. Wenn wir die Höhen und Tiefen des Lebens nicht scheuen, die Polarität von Glück und Leid, die die Fülle des Lebens ausmacht, finden wir zur Freude und Klarheit, mit denen wir die Wechselfälle des Lebens an uns vorüberziehen lassen können wie wandernde Wolken.

In der Aneignung des Leibes gibt es keine billigen Lösungen und kein Schnellverfahren. Der Weg läuft entlang den schmerzhaften Spuren, die sich lebensgeschichtlich in den Leib eingegraben haben, gleichgültig, welcher Art der Weg ist: ob westlich oder östlich, ob im privaten oder therapeutischen Rahmen, in Selbsthilfegruppen oder kollektiven Lebens- gemeinschaften: es gibt nicht den Weg, die Lösung, die Garantie, die Sicherheit.

Gerade die Unsicherheit läßt viele zurückschrecken, solch einen Weg durch die eigene Wüste oder das eigene Labyrinth anzutreten, zumal die Garantie nicht gegeben ist, daß die versprochene Oase sich nicht als Fata Morgana entpuppt oder die ersehnte Goldgrube nicht mit Blech gefüllt ist. Menschen, die noch eine Ahnung haben vom verlorenen und wiederzugewinnenden Paradies, die die unsichere Freiheit dem Gefängnis der Konsumgesellschaft vorziehen, haben es leichter, solch einen Weg zu betreten als Menschen, die die Bequemlichkeiten der Konsumgesellschaft mit Freiheit verwechseln oder sich ihrem unentrinnbar scheinenden Schicksal resigniert ergeben haben.

Betreten sie diesen Weg, so meist unfreiwillig. Unglücksschläge lassen die "bewährten" Strategien, die bequemen Lösungen fragwürdig erscheinen. Chronische Leiden: eine körperliche Krankheit oder eine Sucht, die ihr Leben zu zerstören drohen, zwingen zur Überprüfung des bisherigen Lebens. Doch garantiert selbst dieses nicht den Aufbruch. Wenn der Wille, die Liebe zum Leben sich zu sehr erschöpft haben; wenn die Opfer-Mentalität eine Veränderung der eigenen Lebenssituation für aussichtslos erklärt, mag der Tod als die attraktivere Alternative oder die einzig mögliche Konsequenz erscheinen. Doch ermöglicht die Konfrontation mit dem Tode manchen Menschen erst die

Fülle des Lebens. Angesichts des Todes verlieren Lebenslügen ihre Wichtigkeit. Im Mut zur Wahrheit erfahren manche Menschen zum ersten Mal in ihrem Leben ihr wirkliches Selbst. Angesichts der Sterblichkeit des Fleisches finden manche Menschen <u>ihre</u> Zeit, die sie <u>bewußt</u> gestalten, jeden Augenblick, sodaß die verbleibende Zeit mehr Leben, mehr Sinn, mehr Erfüllung, mehr Würde enthält als die ganze abgestumpfte Routine vorher in der Abwehr der Endlichkeit, als das Gefängnis der eigenen Lebenslüge.

14. Die Aneignung des Femininen

Die kulturelle Kontrolle und Neutralisierung des Weiblichen schlägt sich nieder in den Lebensschicksalen von Männern und Frauen, in ihren Begegnungsmöglichkeiten sowie in den kulturellen Leitbildern, Werten und Mythen.

Mit der Aufteilung der Lebenswirklichkeit in Öffentliches und Privates wird die Frau in den Privatbereich abgedrängt, während der Mann die Geschichtsgestaltung übernimmt. Das mit der Magie des weiblichen Fleisches verbundene Mysterium des Lebens: die Fähigkeit, neues Leben zu tragen, zu gebären, zu nähren und damit das Weiterleben der Gattung Mensch zu gewährleisten, legitimiert ihre Begrenzung auf den Privatbereich. Ihre biologische Fähigkeit wird zur sozialen Verpflichtung umgemünzt. Die bedrohliche Macht ihrer Potenz wird dadurch eingeschränkt, daß sie aufgeteilt wird in das sündig Weibliche und reine Jungfräuliche, wobei beide Geschlechter in heimlichem Einverständnis über die Institution der Ehe die Reinheit teilen, während das sündige Weibliche ausgegrenzt und anrüchig bleibt. Aufgrund der Doppelmoral jedoch kann er in viel stärkerem Maße als sie sich des erotisch Weiblichen bedienen, während sie mit ihrer Lust für den kollektiv zu verantwortenden weiblichen Sündenfall zahlt. Von ihrer Lebensgeschichte her opfert sie ihre Lust, um die Beziehung zu ihrer Mutter nicht zu gefährden.

Die lebenserhaltende, lebensbejahende Kraft des Weiblichen gerät nur noch als Mütterlichkeit ins Blickfeld, nicht mehr als vitale, verbindende, lebensgesetzliche Kraft, die sich der Erhaltung und dem Ausdruck des Lebens verpflichtet weiß und sich auf alle Dimensionen des Seins erstreckt.

Die positive Bestimmung des Weiblichen wird uns leichter zugänglich über das Verständnis der chinesischen Prinzipien des yin und yang, des femininen und maskulinen Prinzips. Beide sind gleichrangig notwendig für das erstrebenswerte Gleichgewicht des Lebens, nicht nachrangig wie in unserem dualen patriarchalen Verständnis, wobei yin = passiv = Frau dem überlegenen yang = aktiv = Mann untergeordnet wird. yin und yang sind Urkräfte, kosmische Prinzipien, die allen Erscheinungen innewohnen und deren Zusammenspiel das Werden und Vergehen allen Lebens bedingt.

Das maskuline Prinzip yang ist die schöpferische Kraft, die die Dinge aktiv gestaltet, sie formt und verändert, sie differenziert, vereinzelt und ordnet. yang ist das Prinzip der Wahrheit. Das feminine Prinzip verbindet die getrennten Dinge, gibt ihnen Ruhe und Kontinuität, Schutz und Unterstützung, das richtige Maß. yin ist das Prinzip der Akzeptanz, der Hingabe, der Liebe in ihrer reinen Form, die Kraft, die die Menschen zusammenführt. yin und yang bedingen einander, das trennende als das erkennende, das verbindende als das vereinigende Prinzip, das aktive als das in Gang setzende, das passive als das loslassende Prinzip, das den in Gang gesetzten Prozeß zur Reifung bringt. Das maskuline Prinzip verleiht der Hingabe Kraft und Richtung. Das feminine Prinzip nimmt die Menschen und die Dinge so an, wie sie sind. Das maskuline Prinzip sorgt dafür, daß die Hingabe sich nicht zerstreut oder ausbeutbar wird. Das feminine Prinzip schützt das maskuline davor, in Vorurteilen und Organisationsweisen zu erstarren.

In seiner "verkehrten": gebrochenen, zerstörten Form verwandelt sich das maskuline Prinzip in Destruktion statt schöpferischer Kraft, in Haß, Gewalt, Perversion, Ungeduld und Hektik. Von diesen negativen Aspekten muß das maskuline Prinzip befreit werden, bevor es seine volle Macht entfalten kann.

Das feminine Prinzip der Akzeptanz, der Hingabe zeigt sich in seiner "verkehrten" Form in der Verleugnung der eigenen Verantwortlichkeit, in der Verweigerung, erwachsen zu werden, in Hilflosigkeit, Passivität, in anklammerndem Verhalten, in Faulheit, im Weg des geringsten Widerstandes, im Bedürfnis, andere für die eigenen Fehler und Schwächen verantwortlich zu machen.

Beide Prinzipien sind in beiden Geschlechtern vorhanden. Sie bestimmen ihr dynamisches Gleichgewicht. Sie müssen in jedem Menschen zur Harmonie finden, bevor eine gleichberechtigte Beziehung zwischen Mann und Frau zustande kommen kann. In unserer Kultur ist das feminine Prinzip "überverweiblicht", das maskuline "übervermänn-licht".

Das eine Prinzip kann nicht ohne das andere richtig oder falsch sein. Die kindliche Abhängigkeit (das feminine) wird überkompensiert mit den Allmachtsgefühlen der Mutter (das maskuline). Die männliche Dominanz (das maskuline) überkompensiert seine säuglingshafte emotionale Abhängigkeit von ihr (das feminine). Wo das eine Prinzip in einem Bereich in "verkehrter" Form vorhanden ist, muß auch das andere in einem anderen Bereich sich in "verkehrter" Form zeigen, nicht nur bei dem einzelnen, sondern auch in der Beziehung zueinander. So will er die überlegene Position, ohne sie als Parasitin nähren zu müssen. Sie möchte versorgt werden, ohne ihre Autonomie zu verlieren. Zugleich neidet sie ihm seine gesellschaftliche Stellung, seine Macht, seine Stärke, ist aber nicht bereit, die dazu nötige Verantwortung zu übernehmen; er neidet ihr ihre Verantwortungslosigkeit, ihre naive gesellschaftliche Unschuld, ist jedoch nicht bereit, seine Dominanz aufzugeben.

Erst wenn beide Prinzipien sich in Mann und Frau harmonisch verbinden, können Männer und Frauen auch dem anderen Geschlecht gleichberechtigt gegenübertreten (vgl. A. 15)

Dazu müssen wir Frauen den Schritt zur Individuation wagen, d.h.: wir müssen die symbiotische Beziehung zur Mutter aufgeben und dem Ich gestatten, sich herauszulösen aus der leib-seelischen Umklammerung der mütterlich-töchterlichen Bindung. Damit können wir die geistige Kapazität und die reflexiven Fähigkeiten entwickeln, die notwendig sind, um unser Leben in die Hand zu nehmen und verantwortlich zu steuern. In der Aneignung des eigenen intellektuellen Vermögens liegt die Chance, aus dem Labyrinth des eigenen Gefühlschaos herauszufinden. Wenn wir unsere Unterscheidungsfähigkeit entwickeln, können wir die Sprachverwirrung im Bereich der Liebe, der wir unterliegen, durchschauen (vgl. A. 11 und A. 15) und das Netzwerk begreifen, in das wir Frauen verwoben sind: das Netzwerk patriarchaler Zuschreibungen, die wir verinnerlicht haben und über die Erziehung weitervermitteln.

Doch genau dieser Schritt der Individuation löst die tiefsten Ängste aus. Er erfordert den Mut, sich zu entfernen von der leiblichen Quelle, die Heimat zu sein versprach, den

Mut, ins Unbekannte aufzubrechen ohne die Gewißheit, dort eine neue Heimat zu finden. Er bedeutet: die Kindchen-Rolle aufzugeben und erwachsen zu weden mit all den Risiken, die Erwachsensein umschließt.

Die Aneignung des Weiblichen bedeutet: die Begrenzung unserer Verantwortung auf uns selber; die Verabschiedung von der "weiblichen Dummheit", den Strategien der Hilflosigkeit und der Mystifizierung, mit der wir an der Erhaltung des Frauenleitbildes mitarbeiten, das Loslassen des Hasses, des Neides, der Schuldzuweisung an die Männer, die uns an sie binden.

Dies geht nicht ohne Risiko: dem Risiko, der Unweiblichkeit bezichtigt zu werden; dem Risiko, der Einsamkeit zu begegnen. Wir geben nicht nur die mütterliche Heimat auf, sondern auch die gesellschaftlich tradierten weiblichen Lebenszusammenhänge.

Von daher brauchen Frauen, die den Weg einschlagen, Nahrung. Wir können - auch wenn wir die Quelle der Nahrung in uns einschließen - die Kraft für solche mühsamen und schmerzhaften Prozesse nicht nur aus uns selber schöpfen. Wir sind auf andere Frauen angewiesen, um uns wechselseitig zu stützen, zu kräftigen und Mut zu machen.

Die durch die Frauenbewegung in Fluß gekommenen, festgefahrenen Rollenzuweisungen von Männlichkeit und Weiblichkeit gestatten es Frauen heute, den eigenen Weg zu suchen, ohne sogleich ins soziale Abseits zu geraten. Im kollektiven Aufbruch wachsen Frauen zu Weggefährtinnen heran, mit denen sich die Leiden des kulturellen wie individuellen Loslösungsprozesses aus dem patriarchal-bürgerlich-technologischen Frauenleitbild teilen lassen.

Frauen, die sich in diesem Sinne "verweiblichen", sind selbstverantwortliche Individuen und daher freie Wesen: materiell, intellektuell und emotional. Die Liebe zu einem Mann bedeutet für sie nicht Selbstaufgabe, sondern Hingabe. Sie bedeutet keinen Konflikt zwischen der Teilnahme am kreativen Prozeß der Geschichtsgestaltung und der Erfüllung als Geliebte. Echte, positive Gefühle können nur aufblühen, wenn Frauen frei, autonom und selbständig sind. Mit der männlichen Überlegenheit verbindet sich stets ein

Mangel an Respekt, mit der weiblichen Unterwerfung Angst,
Neid, Ärger, die das Herz verschließen. Die reife
Selbstverantwortung braucht die Hingabe nicht zu fürchten,
da sie klug zu unterscheiden weiß, wann sie der Erfüllung
dient und wann die Gefahr der Abhängigkeit droht. In solch
einem selbstverantwortlichen und sexuell erfüllten Leben
können wir unsere Macht als Mütter auf das Menschliche
begrenzen und damit zugleich die Angst des Mannes vor der
verschlingenden Gefahr des mütterlichen Schoßes bannen,
dem er durch ihre Beherrschung zu entrinnen sucht.

Doch ist auch der Mann aufgerufen, sich dem
Weiblichen zu stellen statt es zu bekämpfen, zu verdrängen
und abzuspalten. Mamas kleiner Liebling, der sich hinter
dem Charmeur verbirgt; der Hagestolz, dessen männliche
Fassade zusammenbricht, wenn sie ihn verläßt, können für
sich selbst verwirklichende Frauen keine attraktiven,
ernstzunehmenden Partner sein. Doch genauso wenig sind
es Männer, die den "Schwanz" einziehen, um ihr keinen
neuen Anlaß zu geben, den eigenen Weg zu gehen und ihn
hinter sich zu lassen. Die Selbstkastration, die dazu dient,
auf den patriarchalen Pfründen auszuruhen, sich nicht
entwickeln zu müssen, kann weder ihn langfristig
befriedigen noch zu neuen kulturellen Lösungen führen.
"Impotente" Männer fordern die Mutter heraus, die sie
schützt. Sie setzen auf ihr heimliches Einverständnis, den
eigenen, mühsamen Weg miteinander zu vermeiden. Der
gemeinsame Weg kann nur nach vorne gehen: ins
Erwachsenwerden, nicht zurück: in die kindliche
Verweigerung oder zum Rückgriff auf die tradierten
patriarchal-bürgerlich-technologischen Strategien, deren
Auswirkungen ich in den vorherigen Kapiteln beschrieben
habe.

Die Aneignung des Femininen bedeutet für ihn die
Konfrontation mit dem Chaos, dem Dunklen, Triebhaften,
der eigenen animalischen Natur. Wie Theseus sich in der
griechischen Sage in das verwirrende kretische Labyrinth
traut, um den Kampf mit dem Minotaurus, halb Mensch,
halb Stier, zu bestehen, muß sich auch der Mann in das
Labyrinth der menschlichen Wirren und Begierden,
Sehnsüchte und Triebe hineinwagen, seiner instinkthaften,
animalischen Natur begegnen und sie erkennend
überwinden.

Wenn er seiner eigenen Destruktivität ins Auge blicken kann, braucht er sie nicht länger an den Frauen zu bekämpfen. Wenn er sich seine eigene Schwäche zugestehen kann, braucht er nicht länger eine Sklavin, die sie stellvertretend für ihn lebt. Wenn er zu seiner wirklichen Stärke gefunden hat, braucht er sich nicht länger an der Disziplin festzuklammern aus Angst vor dem Verlust der Dominanz, aus Angst, in der Männerwelt zu versagen. Er kann seine Aufgaben wahrnehmen, wenn seine Verantwortung gefragt ist, sich den Gefühlen hingeben, wenn die erotische Seite des Lebens ihren Platz fordert. Doch wie Theseus bedarf er dazu der weiblichen Intuition: des "Ariadnefadens" des Wollknäuels, das Ariadne ihm liebend gab, um ihm den Weg aus dem Labyrinth zu weisen.

Frauen, die keine Angst vor der männlichen Potenz haben, sich ihnen weder kindlich unterwerfen noch sie konkurrierend abwerten müssen, können ihnen Weggefährtinnen sein, Spiegel, in denen sie sich ihre eigene Bedürftigkeit, die unerfüllten Sehnsüchte nach leiblichem Kontakt und Wärme zugestehen können, ohne sie als Besitzrecht einzufordern.

Männer, die sich vor ihrer femininen, mütterlichen Seite nicht scheuen, können mit ihnen gemeinsam der verschlingenden, allmächtigen Mutter trotzen. Sie können sich ihrer sinnlich-emotionalen Macht öffnen und sie begrenzen statt sie gewaltsam abwehren zu müssen. So können sie gemeinsam der eigenen Gewalttätigkeit ins Auge blicken, die Kraft, die darin gebunden ist, aus der Angst befreien und sie mit der erfahrenen Liebe zu einer weichen Kraft verbinden.

Autonome, selbstverantwortliche, sich selbst verwirklichende Männer und Frauen haben keinen Anlaß, das andere Geschlecht zu fürchten, zu beneiden und zu bekämpfen. Sie können sich füreinander öffnen, in ihrem Wachstum stützen und ihre Energien gemeinsam für die schöpferische Gestaltung der Welt nutzen.

Auf der kulturellen Ebene wurde das weibliche yin-Prinzip in seiner nährenden, schützenden, lebenserhaltenden Funktion zur Grundlage matriarchaler Kulturen. In ihnen verbinden sich die Fruchtbarkeit des

weiblichen Leibes und die Natur als lebensgesetzlicher
Prozeß zu einer symbiotischen Einheit.

In dieser Naturverbundenheit liegt heute die Chance
des Weiblichen: die Zerstörung der Natur zu verhindern und
damit den Lebensraum zu erhalten, der für das Weiterleben
der Menschheit notwendig ist. Doch wie im
lebensgeschichtlichen Prozeß muß sich auch auf der
kulturellen Ebene das Weibliche aus der symbiotisch-
matriarchalen Umklammerung befreien und zum femininen
Bewußtsein weiterentwickeln.

Colegrave erläutert den Unterschied durch eine
Analogie der Mutter-Kind-Beziehung.

*"Solange das kleine Kind keinen Unterschied
zwischen sich und der Mutter kennt, ist es eins mit
der Mutter, beherrscht von dem matriarchalischen
Bewußtsein. Die Mutter kann jedoch den
Unterschied zwischen sich und dem Kind
erkennen. Sie beschützt und ernährt das Kind und
umgibt es mit ihrer Liebe, aber trotz gelegentlicher
Einblicke in das Bewußtsein des Kindes in
Momenten, in denen die Welten von Mutter und
Kind verschmelzen, ist sie sich normalerweise der
Trennung zwischen sich und dem Kind, das sie in
den Armen hält, bewußt. In ihrer Mutterschaft
drückt sich der mütterliche Aspekt des femininen
Bewußtseins aus, nicht das matriar- chalische
Bewußtsein"* (Colegrave, 1984)

Feminines Bewußtsein entsteht aus der Bewältigung
und mit Hilfe des maskulinen Bewußtseins. Ohne die
analytische Klarheit des Maskulinen versinken die
Menschen im emotionalen Chaos. Sie sind unfähig, sich als
handelndes, von anderen getrenntes Individuum zu
erfahren und bleiben so den Einflüssen der Außenwelt
ausgeliefert.

Feminines Bewußtsein rührt an die Quellen des Lebens.
Es ist intuitives, ganzheitliches Wissen: Wissen um die
Einheit des Lebendigen und in diesem Sinne ökologisches
und spirituelles Bewußtsein. Nicht religiöse Dogmatik
bestimmen es, sondern die Erkenntnis und das
Verständnis, daß die Menschheit Teil des lebenden

Organismus Erde ist; daß die Menschheit sich wieder verbinden muß mit den energetischen Quellen der anderen Erdbewohner: Mineralien, Pflanzen, Tiere und den energetischen Quellen der nicht-physischen Welt, um den Lebensraum des Menschen zu erhalten. Diese Erkenntnis schlägt sich im Öko-Feminismus ebenso nieder wie im Engagement von Frauen in der Anti-Atomkraftbewegung zur Erhaltung des Lebens.

Feminines Bewußtsein ist lebensgesetzliches Bewußtsein, der Erhaltung und dem Ausdruck des Lebens verpflichtet. Feminines Bewußtsein zielt auf Klarheit statt Rechthaberei, auf Erfahrung des Lebens statt auf fruchtloses Argumentieren, Diskutieren, Rationalisieren. Feminines Bewußtsein ist in der Lage, die Egozentrik der technologisch-rationalen Gesellschaft mit ihren Folgen der Isolation, des Stolzes, des Mangelbewußtseins zu überwinden. Unser Mangelbewußtsein: unsere verzweifelte Angst, nicht genug zu bekommen, leer zu bleiben: emotional, psychisch, spirituell im Verlust des Lebenssinns, fixiert uns auf Mangelsituationen: die Jagd nach Geld, Status, Zuwendung. Solange wir unfähig sind, unseren eigenen Hunger zu stillen, können wir auch die Bedürfnisse einer hungernden Welt nicht erfüllen. Erst wenn wir uns mit dem Leben wieder verbunden fühlen, erkennen können, daß wir nur auszugreifen brauchen nach dem Leben, wird die eigene Entwicklung auch zu einer transpersonalen Notwendigkeit. Wir können zur Nahrungsquelle werden für die Welt, zu Mitschöpfern der Erde.

15. Die Aneignung der Sexualität

"Frauen, die offen ihr Interesse an mehr genitaler Lust erkennen lassen, werden verdächtigt, daß sie ihre Zähne auch im allgemeinen in die Beute schlagen wollen - d.h. daß sie die Beherrschung der Menschenwelt durch den Mann insgesamt bedrohen. Aber umgekehrt werden Frauen, die die Beherrschung der Menschenwelt durch den Mann in Frage stellen, als "frustriert" betrachtet - d.h. daß sie mehr genitale Lust wünschen oder wenigstens brauchen. Die Frauen werden so ironischerweise dazu gebracht, sich von ihrer genitalen Situation entzückt zu zeigen, andernfalls sie als emotional unweiblich (rechthaberisch, kontrollierend, aggressiv, egoistisch - kurz gesagt, männerähnlich - und der menschlichen Würde wirklicher Männer feindselig gegenüberstehend) gebrandmarkt werden. Gleichzeitig werden sie dazu gebracht, die herrschenden männlich-weiblichen Machtverhält- nisse zu preisen, andernfalls sie als sexuell unattraktiv gebrandmarkt werden (verbitterte Ziegen, unfähig, die Liebe eines anständigen Mannes zu erwerben und zu erhalten, unfähig, zu jener Art phallischer Bedienung anzuregen, die wahrhaft geliebten Frauen Zufriedenheit mit ihrem Los beschert)"
(Dinnerstein, 1979, S. 102)

Die Aneignung der weiblichen Sexualität bedeutet die Befreiung aus den Mustern, die Dorothy Dinnerstein so anschaulich beschreibt; Muster, die die weibliche Lust eindämmen, zähmen, auf den Mann hin kanalisieren und damit "entwaffnen" (vgl. A. 3). Doch ist die weibliche Lust ein Potential an Kraft, das sie befähigt, den Weg der Autonomie zu beschreiten, sich nicht mehr so leicht einschüchtern zu lassen, sich nicht mehr so leicht unterzuordnen. Es befähigt sie, ihre Aufgaben in der Geschichtsgestaltung wahrzunehmen und den Lebensraum zu sichern.

Sexuelle Energie ist Lebensenergie, die stärkste Kraft, über die wir verfügen. In ihr verbinden sich die physische, emotionale, geistige und spirituelle Ebene in der Begegnung zweier Menschen zu einem mächtigen Strom. Dieser Strom ist in sich selbst schöpferisch. Er gestaltet sich fort und führt zu menschlichem Wachstum.

Doch ist dieser Strom in der Regel blockiert. Seine Gewalt ängstigt uns. Wir befürchten, fortgerissen zu werden, wenn wir uns auf ihn einlassen. Seine Kraft kann sehr leicht in destruktives Fahrwassser umgeleitet werden und zur Zerstörung, Stagnation und Lähmung führen.

Die Destruktivität ist Ergebnis der Verdrängung, Verleugnung und Abspaltung der sexuellen Energie, die unsere Persönlichkeit, unsere Einstellungen, unsere Beziehungs- konflikte von den tiefsten Schichten her formt. Sie eröffnet sich uns in all ihren verschwiegenen und uns selber geheimgehaltenen Dimensionen, wenn wir auf unsere Phantasien lauschen oder die blockierten Energien in spielerischer Gestaltung dieser Phantasien in einem sicheren Rahmen freisetzen. Um sie zu begreifen, brauchen wir sie nicht in destruktive Handlungen umzusetzen. Wir sind nicht gezwungen, unserem Haß, unseren Rachegefühlen freien Lauf zu lassen, das andere Geschlecht für diese Gefühle verantwortlich zu machen oder uns an den destruktiven Formen als den einzigen Formen, die uns Lust bereiten, festzuhalten. Die Aufdeckung und Akzeptierung des Bösen als Ergebnis der Verdrängung und Abspaltung sexueller Energien öffnet uns den Zugang zu den Quellen unseres Seins, zur animalischen Seite unserer eigenen Natur, zum Leib als Quelle der ungekrümmten Lust, der tiefen Erfüllung. Im Kontakt zu unseren leiblichen Prozessen können wir die Wahrheit über die inneren Gesetze der Natur erkennen, nicht in distanzierender, sondern in kontemplativer Betrachtung, in der sich dem Blick die Wahrheit offenbart.

Sexualität als Medium der Begegnung der Geschlechter wird aber noch in einem tieferen Sinne zur Quelle der Erkenntnis: in der Hingabe an die vegetativen Prozesse des Lebens, in der orgastischen Begegnung erleben wir die Auflösung der Vernunft, einen punktuellen Tod des Ichs, aus dem heraus neues Leben entsteht in der Vereinigung zweier Körper, in der Begegnung zweier Zentren. In der orgastischen Erfahrung begreifen wir die Einheit von Leben und Tod, Sterben und Wiedergeburt als existenzielle Grundlagen des Menschen.

Daß uns solche Erkenntnis in unserer Alltagswirklichkeit meist verschlossen bleibt, hat seinen Grund darin, daß wir Sexualität oft nutzen zur Nichtbegegnung: wir befriedigen sinnliche Bedürfnisse statt ihren Wert als Medium eines tieferen Kontaktes zu sehen. Wir verwandeln sie zum Schlachtfeld eigener Racheimpulse und Haßgefühle auf das andere Geschlecht und zur ehelichen, gelangweilten, reizlosen Pflichterfüllung. Die "Verkehrung" des sexuellen Potentials wurzelt darin, daß wir den anderen oft nicht als eigenständiges Wesen begreifen können, sondern ihn einbauen in unsere Welt. Wir weisen ihm einen Platz zu, der unserer Raumordnung entspricht statt seiner. Solange er diesen Platz einnimmt, scheint er die Sehnsucht nach dem frühen Paradies zu erfüllen, doch wird allzu rasch im Alltag deutlich, daß er ein "anderer" ist, der sich den eigenen Verschmelzungs- sehnsüchten nicht ungebrochen fügt. Dies ruft Enttäuschung, Verlustangst und Haß hervor. Diese Gefühle, die aus den kindlichen Erfahrungen mit den Eltern stammen, in denKatakomben des Unbewußten eingemauert sind und in jeder Beziehung neu hervorbrechen (können), verhindern die tiefe Begegnung. Nur in der Vereinigung von Gegensätzlichem, nicht regressiv in der identifikatorischen Verschmelzung ist der Zusammenfluß möglich. Der Unterschied liegt auf derselben Ebene wie der Wandel vom matriarchalen zum femininen Bewußtsein, der Wandel von der unschuldigen paradiesischen Einheit mit der Natur zur bewußten Erlangung dieser Einheit.

In der Verschmelzung, in der Symbiose sind wir ungeschiedener Teil des Ganzen, doch darin liegt zugleich die Bedrohung des individuellen Selbst: die Angst vor der Auflösung, vor dem Selbstverlust. Die Vereinigung von Gegensätzlichem setzt den Prozeß der Individuation voraus, die Aneignung des Leiblichen, des Weiblichen als bewußter Prozeß, der sich für Männer und Frauen unterschiedlich darstellt. Für den Mann bedeutet dieser Prozeß die Konfrontation mit seinem animalischen Teil, dem Labyrinth der Gefühle, in dem die Männlichkeit sich rundet durch die Weichheit; für die Frau die Durchdringung dieses Labyrinths mit dem Prinzip der Erkenntnis, sodaß die Weiblichkeit konturiert wird durch die Klugheit. In der Vereinigung des maskulinen und femininen Prinzips in beiden Geschlechtern entsteht die Erotik aus der Polarität von Mann und Frau, nicht aus der sentimentalen Erfüllung der eigenen Bilder.

Diese Lösung unterscheidet sich fundamental von den Strategien der heimlichen Gleichung. Die Geschlechternivellierung der technologisch-rationalen Variante dient der Vermeidung der tiefen Begegnung, der Vermeidung von Sexualität im obigen Sinne. Die entsexualisierten Leitbilder der reinen Jungfrau Maria und des Hagestolzes dienen der Verdrängung, der Kontrolle der spontanen, kreativen Lust. In den übersexualisierten Leitbildern des Weibchens und des Supermanns dient Sexualität der Abwehr ihres tieferen Gehaltes: der menschlichen Begegnung.

Der menschliche Umgang miteinander setzt einen Begriff der Liebe voraus, der nicht mehr an den eigenen Frustrationen, Enttäuschungen, der eigenen Bedürftigkeit orientiert ist. Liebe in unserem Alltagsverständnis soll uns entschädigen für die Wunden, die wir in unserem Leben davongetragen haben. Sie soll uns einhüllen in den sicheren Schoß, dem wir zu früh entsagen mußten oder in den wir uns gar nicht erst einkuscheln konnten. Sie soll uns versorgen, wie wir gern von der frühen Mutter versorgt worden wären. So sucht sie ihn, der sie auf Händen davonträgt ins Reich der Glückseligkeit. So sucht er sie, die stets für ihn da ist, wenn er sie braucht: tagsüber als sorgender Engel, des Nachts als betörendes erotisches Wunder. Doch ist Liebe genau das Gegenteil unserer Bedürfnisse nach Sicherheit, Geborgenheit, Besitz. Sie verströmt sich, ohne sich zu binden, nimmt den anderen an, ohne ihn nach dem eigenen Bilde zu formen, begrenzt sich nicht nur auf ihn, sondern umschließt alle beseelten Geschöpfe. Liebe entspringt der eigenen Fülle, nicht dem Mangel und der Bedürftigkeit. Liebe ist das yin-Prinzip in seiner reinen Form.

Doch ist es ein weiter Weg, die Liebe zu befreien aus den Verzerrungen, den Illusionen, den Bedürftigkeiten der eigenen Geschichte. Wenn wir ihn vermeiden, ziehen wir uns in die Isolation zurück. Dort können wir die Illusion nähren, daß wir ohne den anderen keine Probleme hätten, nur wegen des anderen verstrickt werden in die eigene innere Bedürftigkeit und das innere Chaos. Betreten wir den Weg, dann liegt in der Begegnung mit dem anderen die Chance, uns selber kennenzulernen und das Labyrinth der Gefühle zu begreifen, das sich im Beisammensein auftut. Doch eröffnet sich diese Chance nur, wenn wir bereit sind, uns auf die Tiefe eines intimen Kontaktes einzulassen. Damit gehen wir das Risiko ein, verletzt zu werden. Wenn wir willens sind, die eigene Betroffenheit und die des anderen zu teilen, zu geben und zu nehmen, verwandeln sich die möglichen Verletzungen in Vertrauen und Verständnis füreinander und für uns selbst. Wenn zwei Menschen sich zueinander hingezogen fühlen, drängt es sie, einander kennenzulernen, sich einander zu offenbaren, den anderen teilhaben zu lassen an der inneren Welt. So kann sich der Kern jedes Menschen, seine innere Kraft entfalten, ausdrücken und verwirklichen.

Dies setzt voraus, daß wir in dem anderen nicht nur unseren frühen Eltern begegnen, dem wir unsere gescheiterten Erfahrungen mit und unser Verlangen nach Mama und Papa überstülpen. Wenn wir unsere eigenen Bedürfnisse und Erwartungen zur Seite stellen und uns leer machen können für die Fülle des anderen, können wir uns öffnen für seine Wirklichkeit. Das heißt, daß wir den anderen so sehen und so sein lassen können, wie Gott ihn gemeint hat, daß wir ihm helfen, sein Potential zum Ausdruck zu bringen, auch das noch unentdeckte, ungelebte. Das heißt, daß wir das Risiko eingehen, selber die Aspekte auszudrücken, die zum Konflikt führen können und daß wir dies in einer Weise tun, die das Wachsen in der Beziehung ermöglicht. Das heißt, daß wir auf der geistigen Ebene abweichende Meinungen tolerieren lernen und als verschiedene Aspekte der einen Wahrheit begreifen. Dies heißt, daß wir nicht den anderen verantwortlich machen für die eigene Wut, die Trauer, den Schmerz, das ungestillte Verlangen, die sich in der Begegnung wiederbeleben, sondern ihn als Spiegel unserer Gefühle sehen lernen, denen wir uns dann ehrlich stellen müssen. So können Begegnungen sich zu Beziehungen entwickeln, in denen wir gemeinsam wachsen und Freude, Lust, Liebe und persönliche Erfüllung finden.

Solche Begegnungen sind nicht an ein Geschlecht gebunden, doch öffnet sich das Labyrinth der Gefühle am ehesten dem Geschlecht gegenüber, dem unsere erotische Neigung gilt, sei es das eigene, sei es das andere.

In dem eigenen Geschlecht können wir in der Identifikation mit unseresgleichen unsere Gefühle wiederfinden, die Ergebnis unserer gemeinsamen Geschichte sind. Als Frauen können wir lernen, uns allmählich loszulösen aus der mütterlichen symbiotischen Umklammerung und eigenständige Beziehungen aufbauen zu unseren eigenen Müttern und Töchtern, zu Frauen und Männern.

Erst wenn wir diesen Weg beschreiten, werden wir aufhören, unsere eigene sinnliche Impulsivität der Angst des Mannes oder der Bindung an die Mutter zu opfern. Wenn wir lernen, unsere Bedürfnisse zu unterscheiden, uns zu artikulieren, brauchen wir uns nicht länger mit der unsinnigen Alternative aufzuhalten, ob der weibliche Orgasmus klitoraler oder vaginaler Natur sei. Wir können die physische Begierde leben, ohne sie mit falsch verstandener sentimentaler Liebe schmücken zu müssen. Wir brauchen unseren Leib nicht länger für einen "Schnellfick" zu verkaufen, wenn wir wärmende Zuwendung wollen. Wir können das Risiko eingehen, uns in der orgastischen Begegnung mit einem Manne zu verlieren.

Dies setzt voraus, daß auch der Mann sich auf die Suche nach seiner Sexualität begibt, die sich nicht nur auf den Akt des "Vögelns" beschränkt, sondern die Spannbreite menschlicher Begegnungsmöglichkeiten aushält.

In solch einem gleichberechtigten Verhältnis können wir die fundamentalen Gefühle der ursprünglichen Säuglings- Mutter-Beziehung wiederfinden, ohne die Rollen einseitig fixieren zu müssen als Ausgleich für ihre frühe Allmacht: auf ihn als omnipotenten Herrscher und sie als Baby. Wir könnten uns spielerisch die Intensität dieser Zeit aneignen, die Lust und das Vergnügen an der leiblichen Berührung ohne die Angst, die Wut und die Rachegefühle dabei in Schach halten zu müssen.

Die Aufteilung von Sexualität als Quelle von Lust und als Mittel der Fortpflanzung würde in solch einem Zusammenhang unsinnig. Wie erotisches Spiel sich gestalten würde, können wir nur mehr erahnen, doch hätte es nicht mehr die sentimentale Bindung an den Tod als höchste und letzte Erfüllung (Vgl. A.2 und A.12), sondern könnte die Kraft des Lebens sein.

Wir könnten die ursprüngliche Begeisterung für das Leben wiederfinden, die die Arbeit nicht zur Pflicht, sondern zur spielerischen Selbstgestaltung werden läßt. Wir könnten den Gegensatz von Spiel und Arbeit aufheben, indem wir die Arbeit als Ausdruck unseres Selbst erkennen: als Liebe in Aktion.

VIII. JENSEITS DER GLEICHUNG

Kulturelle Muster, die den Inhalt der heimlichen Gleichung bestimmen und die über die familiären Strukturen an die Söhne und Töchter weitergegeben werden, prägen das Geschlechterverhältnis aus, das in der Monopolstellung der Frau als Mutter und zum Teil alleinverantwortlicher Erziehungsinstanz über die Jahrtausende weitergegeben wird. Frauen werden in diesem Prozeß zur Schaltstelle der Geschichte. Sie geben ihr Schicksal unbegriffen an die Töchter, ihre von den Vätern als Töchter erlittenen Verletzungen an die Söhne weiter.

Das an ihrem Leib geformte Grundverhältnis zur Welt hinterläßt seine Spuren in unserem Leib, bestimmt, wie wir uns gestalten, formen und blockieren. Diese Fähigkeit zur Selbstgestaltung entzieht sich oft unserem Bewußtsein, weil diese Prozesse zu einem Zeitpunkt ablaufen, zu dem unser Denken noch nicht so weit entwickelt ist, daß wir gedanklich "begreifen", was geschieht. Unsere Erfahrung ist sinnlich-emotional. Sie prägt die Sprache aus in ihrem Gehalt. Der Fachjargon oder die Gassensprache im geschlechtlichen Bereich weisen darauf hin, wie weit wir von diesen sinnlich-emotionalen Qualitäten der frühen Kindheit entfernt sind.

Die Monopolstellung der Mütter, ihre erfahrene Allmacht, prägt die Ambivalenz aus, die Töchter und Söhne ihr gegenüber empfinden, oft auf einer archaischen, unbegriffenen Ebene. Sie veranlaßt Töchter als Frauen, selber zur allmächtigen Mutter zu werden. Sie veranlaßt Söhne als Männer, diese Macht zu unterdrücken, zu unterwerfen, zu kontrollieren, zu neutralisieren.

Die kulturelle Dominanz des maskulinen Prinzips, der wir die Erkenntnisse über die Naturgesetze und den raschen technologischen Fortschritt der letzten Jahrhunderte verdanken, eröffnet uns die Möglichkeit, die Gesellschaft nach eigenen Vorstellungen von Recht und Ordnung zu gestalten. Doch hat sie uns auch mit bürokratischer Erstarrung, wuchernden Städten und innerer Leere überzogen. Die Verbindung mit dem femininen Prinzip gibt uns die Chance, die Gemeinschaft aus der Selbstverantwortung der einzelnen wachsen zu lassen. Statt materielle Fülle anzuhäufen können wir durch

Selbstgenügsamkeit zur inneren Fülle finden. Statt uns in der Vielfalt der Angebote zu zerschleißen, können wir den Blick wiedergewinnen für das Wesentliche: die Einheit mit dem Lebendigen um uns herum.

Ohne eigenes menschliches Wachstum, ohne die Erkenntnis, daß wir die Mitte der Veränderung sind, können wir die kulturellen Prägungen nicht überwinden, die gesellschaftlichen Verhältnisse nicht ändern.

Menschliches Wachstum erfolgt in Zyklen. Dies bedeutet, daß wir verschiedene Entwicklungsstufen zu bewältigen haben, um zu einem autonomen, kreativen Menschen zu werden. Die ersten fünf Stufen dieses Entwicklungszyklus erfahren wir als die Aufgaben unserer Kindheit. Wir bewältigen sie nicht unbedingt in jener Zeit, doch umfassen sie das Spektrum menschlicher Notwendigkeiten, mit denen wir uns auseinandersetzen müssen - auch als Erwachsene - um zu einem selbstbestimmten Leben zu gelangen.

Für den Säugling stehen die Befriedigung physischer Bedürfnisse (Nahrung, Schutz, Wärme) und das Bedürfnis nach Sicherheit (Stufe 1 und 2) im Vordergrund. Erst wenn er sich geborgen, versorgt und angenommen fühlt, kann er sich emotional den Menschen zuwenden, den anderen als anderen erkennen, ihm freundschaftlich und liebend begegnen (Stufe 3). Sexualität auf dieser Stufe wird für den Erwachsenen nicht mehr durch Begierden bestimmt, sondern ist eingebettet in liebende Zuwendung. Auf der 4. und 5. Stufe wenden wir uns der Welt zu. Wir entwickeln unser Denken und unsere Sprache, unsere reflexiven Fähigkeiten, unser Ego, um unsere Welt zu bemeistern (Stufe 4). Wir ringen um Ausdruck dessen, was wir sind. Wir suchen Anerkennung und Lob für unsere Handlungen (Stufe 5).

Erst wenn wir diese Dimensionen des Seins erfahren und durchlebt haben, sind wir fähig, uns aus den Verlockungen der materiellen Welt zu befreien. Wir sind imstande, hinter die Fassaden des höflichen Miteinanders zu blicken. Wir wissen um die Illusion in dem Wunsch, für Leistung geliebt werden zu wollen. Wir können uns dem zuwenden, was wir sind, können unsere wahre Natur leben und tiefe und ehrliche Beziehungen eingehen. Auf dieser Stufe 6 steht es uns frei, uns immer wieder neu zu gestalten gemäß unseren eigenen Prinzipien von Selbstverantwortung und Selbstbewußtheit statt uns gesellschaftlichen Konventionen zu beugen. Von dort aus werden wir fähig, unsere Handlungen wie ein Zeuge zu verfolgen: frei von Furcht und Verletzungen. Wir lernen alle unsere Potentiale auszudrücken und zu leben und die Einheit mit den Dingen um uns her zu erfahren (Stufe 7 der Transzendenz).

Auf den Stufen 6 und 7 wissen wir um den Unterschied zwischen unserem kleinen individuellen Selbst: der Persönlichkeit, und dem wahren göttlichen Kern in uns, der uns mit den anderen Lebewesen dieses Planeten: Menschen, Tieren, Pflanzen, Mineralien verbindet. In der Bemeisterung der anderen Ebenen lernen wir zu unterscheiden zwischen äußerer und innerer Macht, Verantwortung für uns als Individuum und für uns als Teil der Ganzheit, Liebe als Bedürftigkeit und Liebe als universales Prinzip, Wissen und Weisheit.

Macht auf den unteren Stufen erfahren wir als Macht von außen, die wir zu erringen suchen, indem wir uns äußere Objekte aneignen. In Wirklichkeit statten wir jedoch äußere Objekte mit unserer Kraft aus, die uns dann als eigenständige einflußreiche "Wesen" entgegentreten, während wir uns hilflos ihnen ausgeliefert fühlen: Opfer unserer Umwelt, Opfer der materiellen Welt. Die Macht, die wir durch die Aneignung von materiellem Besitz und gesellschaftlichem Status zurückerobern wollen, "macht" uns abhängig von diesem Besitz, weil wir unser Sein mit ihm identifizieren. Ohne sie sind wir nichts. So vergeuden wir unsere Energien damit, diesen Besitz zu bewahren und zu mehren. AIDS ist ein Ausdruck dieser Machtlosigkeit, der Abhängigkeit von äußeren Bewertungen und Zuschreibungen. AIDS ist eine Mahnung zur Umkehr: dazu, uns unseres "wirklichen" Potentials bewußt zu werden, die eine innere Kraft ist; die nicht auf der Furcht vor dem Leben basiert, sondern auf dem Bewußtsein der Einheit alles Lebendigen, von dem wir ein Teil sind. Im Bewußtsein dieser Macht sind wir Schöpfer unserer Umwelt.

Unser innerer Kern als Teil des kosmischen Bewußtseins verfügt über all das kreative Potential und Wissen, das der Schöpfung zu eigen ist. Es braucht die

Dimensionen unseres Seins: die physische, emotionale und mentale, um sich auszudrücken, zu verwirklichen und zu vergegenständlichen. Kreativität und Schöpfung sind die ihm innewohnenden Qualitäten, die sein wahres Potential freilegen. Wir finden sie in der Stille der inneren Einkehr, wenn wir anfangen, das Wesen der Dinge auszuloten statt uns an den Formen festzuhalten, wenn wir unsere Gedanken und Gefühle einstimmen auf den größeren Plan, der unserem Leben zugrunde liegt und es leitet.

In der Einstimmung auf diesen Plan erkennen wir unsere Verantwortung für unser Denken, unser Reden und unser Tun. Daß unsere Handlungen auf uns zurückschlagen, haben wir in der Regel alle erfahren. Doch sind auch unsere Gedanken eine machtvolle Energie, die auf uns zurückwirkt im Guten wie im Schlechten. Es gibt keine Geheimnisse im Universum. Wir kennen den Effekt aus der Psychologie als die sich selbst erfüllende Prophezeiung. Gedanken formen Energiefelder, die sich "manifestieren", verwirklichen als Gegenstände, Situationen, Prozesse. Was wir denken, sind wir.

Die Sprache selber ist eine Energiequelle, ein wesentliches Medium der Verwirklichung. So wie wir reden, wirken wir. Durch oberflächliches Gerede, Klatsch und Tratsch können wir diese Energie verstreuen und Klatsch und Tratsch auf uns ziehen. Wir können jedoch auch diese Energie auf uns konzentrieren und dazu verwenden, den anderen darin zu stützen, seine positiven Seiten zu entfalten und sich selbst zu finden. Diese Kraft, die das Beste im anderen sieht und ihm zu diesem Besten verhilft, ist die "unbedingte" Liebe: Liebe ohne Bedingungen, die dem anderen gibt, was er braucht, ohne für sich zu fordern und zu wollen. Sie ist die Kraft, die sich verströmt, weil sie die dem kosmischen Bewußtsein innewohnende Energie selber ist, die schöpferische Energie, die sich ausdrücken muß, um sich zu verwirklichen.

Der Schlüssel zu dieser Kraftquelle ist die Vergebung, nicht im Sinne eines kirchlichen Anspruchs, hinter der sich grimmig die eigene Überlegenheit verschanzt, sondern als ein Loslassen, eine "Ent-Bindung" von Schuldzuschreibungen, Rachegefühlen und Opfer-Haltungen. Wenn wir den "Umständen" (Eltern, Lehrern, Freunden usw.) vergeben, daß wir die sind, die wir geworden sind, werden wir frei, uns auf die hin zu entwickeln, die wir wirklich sind.

Wir haben die Wahl, uns angesichts der kulturellen Geschichte der heimlichen Gleichung von Leiblichkeit, Sexualität und Weiblichkeit als Opfer dieser Geschichte zu fühlen: gesellschaftlich wie biographisch oder die Verantwortung für unser Denken, Reden und Tun zu übernehmen und die Geschichte zu verändern. Das (analytische) Wissen hilft uns zu verstehen, warum wir so sind wie wir sind. Die Weisheit erwächst uns aus dem inneren (intuitiven) Wissen als Folge unserer Einstimmung auf den göttlichen Plan. Sie lehrt uns zu unterscheiden, was wir zu ändern vermögen und was nicht. Sie lehrt uns, mit Heiterkeit und Gleichmut zu akzeptieren, was außerhalb unserer Reichweite liegt und mit Mut und Kraft die Dinge anzugehen, die wir umgestalten können.*

Befreiung von Rollenklischees und die Möglichkeit, unsere Potentiale auszudrücken und zu leben eröffnen eine Vielfalt von Begegnungsmöglichkeiten mit ganz unterschiedlichen Menschen. Sie macht eifersüchtige Besitz- und Sicherheitsbestrebungen überflüssig, heterosexuelle und homoerotische Beziehungen gleichwertig.

In solch einem Kontext können Frauen aus ihrer mütterlichen Allmacht entlassen werden, da sie genügend geistige, emotionale und sexuelle Befriedigung finden, um ihre Allmachtstellung als Mütter begrenzen zu können. In solch einem Kontext können Männer so früh ihre väterlichen Pflichten und Freuden wahrnehmen, daß ihr

----

*Der Leser, dem diese Ausführungen zu abstrakt scheinen und der wissen möchte, wie dieser Weg konkret aussehen kann, sei auf zwei Bücher verwiesen:
Im 3. Band des Zyklusses: Wege zum Leben: "Erlebniswelt und Heilung" schildere ich therapeutische Verfahren und kollektive Ansätze der Veränderung.
In dem Buch: "Der Weg zu Dir" beschreibe ich meinen eigenen Weg und meine Erfahrungen in der Auseinandersetzung mit SAI BABA in Indien.

Leib eine ähnlich starke emotionale Besetzung erfährt wie
der weibliche. In solch einem Kontext zählt das männliche
Mysterium der Zeugung genauso wie das weibliche des
Gebärens.

Wir brauchen Männer nicht zu beschränken auf das
begrenzte Geistige und Frauen auf das unbegrenzte
Leibliche. Wir brauchen nicht länger Leid und Kummer der
mütterlichen Unvollkommenheit anzulasten, sondern
können sie als gemeinsames Potential der Destruktivität
erkennen und verwandeln. In solch einem Kontext erhalten
die frühen Prägungen, die unsere Handlungen, unsere
Motive, unsere Gefühle in weit höherem Maße steuern als wir
dieses als "geistige Wesen" wahrhaben wollen, ein neues
Gleichgewicht.

Wenn unsere Bedürfnisse nach wärmender
Zuwendung, sexueller Befriedigung, gedanklichem
Austausch, gemeinsamer Gestaltung unserer Welt erfüllt
sind, können wir auch die Kinder aus ihrer Funktion als
Liebes- und Haßobjekte für die eigenen Erwartungen und
Enttäuschungen entlassen und sie als gleichberechtigte und
gleichwertige Teile einer Gemeinschaft sehen. Wenn wir
ihnen die unbedingte Liebe und den Respekt geben können,
die die Voraussetzung für eine gesunde und erfüllte
Selbstentwicklung sind, besteht die Chance für eine Wende
in der Entwicklung der Menschheit.

Dies mag angesichts der restaurativen Entwicklung,
dem Rückgriff auf die altvertrauten, altbewährten
patriarchal- bürgerlich-technologischen Strategien utopisch
erscheinen, ganz abgesehen davon, daß eine Veränderung
dieser grundlegenden Bedürfnisse und Einstellungen, die
unsere tiefsten Sehnsüchte und Ängste berühren, nur unter
großen Schwierigkeiten zu leisten ist. Doch bin ich
überzeugt, daß solch eine grundlegende Veränderung für
eine echte personale und kulturelle Transformation und
damit für eine "Entheimlichung" der Gleichung
entscheidend ist. Wie dieses geschehen kann, eröffnet sich
erst im Prozeß der Veränderungen, wird sich in den
nächsten Jahrzehnten unter dem atomaren, ökologischen,
krankheitserzeugenden Druck erweisen müssen.

Die Ankündigung eines Neuen Zeitalters, das den Menschen an eine neue Stufe des Bewußtseins anschließt, mag manchem als billiger Trost erscheinen, manchem als Rettung, sieht man die jetzige Unfähigkeit des Menschen, den Geistern, die er rief, noch Herr zu werden. Diese neue Stufe des Bewußtseins ist ganzheitlich, ökologisch, spirituell orientiert. Sie verbindet das maskuline und das feminine zum androgynen Bewußtsein, zum androgynen Geschlechtsverhältnis.

Ansätze zu Veränderungen erleben wir seit zwei Jahrzehnten in verstärktem Ausmaße: Studentenbewegung, Homosexuellenbewegung, Frauenbewegung, Ökologiebewegung: Ansätze, die den femininen Qualitäten eine Tür in der männlichen Geschichtsgestaltung geöffnet haben. Sie streben eine freie Selbstentwicklung des Menschen an, auch wenn an manchen ihrer Verläufe deutlich wird, wie mühsam der Prozeß ist, wie leicht er von den Verlockungen und Bequemlichkeiten einer Konsumgesellschaft und den eigenen Ängsten und Abwehrstrategien eingeholt wird.

Diesen Verlockungen und Ängsten widerstehen Frauen besser als Männer. Die Frauenbewegung, auch wenn sie nur einen kleinen Teil der Frauen umfaßt, hat sich kontinuierlich entwickelt. Sie hat sich ihren Anspruch auf die Geschichtsgestaltung nicht mehr nehmen lassen, ihre Forderungen immer wieder im politischen Bereich zur Geltung gebracht: in der § 218-Bewegung, im Engagement für mißhandelte Frauen, in der Ökologiebewegung.

Sie vollziehen den Aufbau, den die Männer in der Studentenbewegung in der Auflehnung gegen die autoritär-patriarchale Welt begonnen haben, indem sie feminine Prinzipien übernahmen, die sie gegen die männliche Zerstörung setzten. "Make Love not War" wurde zum Leitmotiv der "Blumenkinder". Sie engagierten sich für das Intuitive, Private, Sinnliche, Mysteriöse. Daß sie: die Neue Linke, die männliche Attitüde nicht überwinden konnte, daß sie Frauen zum Kaffeekochen und zur Beruhigung der vom Kampf gereizten Nerven mißbrauchte statt sie in ihrem ureigensten Bereich als kompetente Weggefährtinnen anzuerkennen, schied die Bewegungen.

Frauen begannen sich selbst zu organisieren, zum Teil den Kampf ohne sie zu führen, ihr Leben ohne sie zu gestalten. Sofern die Wut über die Ignoranz der Männer groß genug ist, ist dieser Schritt sicherlich sinnvoller als der Rückfall in die mütterliche Dienstbotenrolle. Langfristig allerdings werden beide Geschlechter diese Aufgabe in Angriff nehmen müssen, wenn wir die Chance zum Überleben haben wollen.

Mit der Entthronung des mittelalterlich-patriarchal herrschenden Gottes hat sich der Mensch an seine Stelle als der Schöpfer und Gestalter der Welt gesetzt. Ob er dieser Aufgabe gewachsen ist, wird sich noch erweisen müssen. Doch sind die Hebel so weit in Bewegung gesetzt, daß die in Gang gekommene Dynamik sich nicht mehr durch die Flucht in Gottvaters Arme aufhalten läßt. Wenn sich der Mensch weigert erwachsen zu werden, so liegt es in seiner kindlichen Allmacht, sich selber und alles Menschliche zu zerstören. Doch hat er auch die Wahl, in der Verbindung und Durchdringung des Maskulinen und Femininen, des Männlichen und Weiblichen, der Wahrheit und der Liebe, dem Wissen und der Weisheit die Welt so zu gestalten, daß sie wieder belebbar wird. Er hat die Wahl zu erkennen, daß er als der bewußte Teil der Schöpfung selber der Schöpfer ist. Er hat die Wahl, sich als der zu erkennen, der er ist: das Ebenbild Gottes.

LITERATURVERZEICHNIS

Bataille, George 1984 Der heilige Eros. Frankfurt: Ullstein
Materialien

De Beauvoir, 1968 Das "andere" Geschlecht. Reinbek:
Simone Rowohlt

Benard, Cheryl/ 1978 Die ganz gewöhnliche Gewalt in der
Schlaffer, Edit Ehe. Reinbek: Rowohlt

Brückner, 1983 Die Liebe der Frauen. Frankfurt:
Margrit Verlag Neue Kritk

Bruch, Hilde 1980 Der goldene Käfig. Das Rätsel der
Magersucht. Frankfurt: Fischer

Chodorow, 1985 Das Erbe der Mütter. München:
Nancy Frauenoffensive

Colegrave, Sukie 1984 Yin und Yang. Die Kräfte des Weiblichen und des Männlichen. Frankfurt:
Fischer

Dinnerstein, 1979 Das Arrangement der Geschlechter.
Dorothy Stuttgart: dva

Gast, Lilli 1985 Magersucht: Der Gang durch den
Spiegel. Pfaffenweiler: Centaurus
Verlagsges.

Grof, Stanislav 1985 Geburt, Tod und Tanszendenz.
München: Kösel

Hinz, Stefan 1984 AIDS - Die Lust an der Seuche. Reinbek:
Rowohlt

MacLeod, Sheila 1983 Hungern, meine einzige Waffe.
München: Kösel

Margolis, Karen 1985 Die Knochen zeigen. Berlin: Rotbuch-
Verlag

Meyer, Ken/ 1984 AIDS - die rätselhafte Krankheit.
Pizer, Han München: Heyne Verlag

Pacharzina, 1986 AIDS und unsere Angst. Reinbek:
Klaus Rowohlt

Pierrakos, Eva Guide Lectures of the Pathwork
1964 122: Self-Fulfillment through Self-
Realization as Man or Woman
1969 169: The Masculine and Feminine
Principles in the Creative Process
1970 180: The Spiritual Significance of
Human Relationship
1973 207: The Spiritual Symbolism and
Significance of Sexuality
1975 229: The Woman in the New Age

Rühmann, Frank   1985   AIDS - Eine Krankheit und ihre Folgen. Frankfurt: Edition Qumran

Satin, Mark   1978   New Age Politics. Healing Self and Society. Vancouver: Whitecap Books

Sebastian, Ulla   1983   Psychoanalytische Theorie und Bioenergetische Analyse. Münster: MAKS Verlag

1986a   Selbstfindung und Bioenergetische Analyse. Münster MAKS Verlag

1986b   Wege zum Leben. Erlebniswelt, Krankheit und Heilung. Bd 1: Die Konstruktion der Wirklichkeit Bd. 2: Das verkümmerte Leben Bd. 3: Aufbruch Dortmund: Alternativverlag für Wissenschaft, Literatur und Praxis

1988   Der Weg zu Dir. Aufzeichnungen eines halbjährigen Aufenthaltes bei SRI SATHYA SAI BABA in Indien

Selvini Palazzoli, Mara   1982   Magersucht. Von der Behandlung einzelner zur Familientherapie. Stuttgart: Klett-Cotta

Spangler, David   1983   New Age - Die Geburt eines Neuen Zeitalters. Kimratshafen: Greuth Hof Verlag

Wilm, Claudia/ Würker, Heike   1986   Ursachen und Auswirkungen von Körperfeindlichkeit am Beispiel Magersucht und Beziehungsstörungen. Diplomarbeit an der FH Dortmund, FB Sozialarbeit

Katharina von Bora,
die Lutherin
500. Geburtstag (1.2.99) St. Marien zu Wittenberg
"Aus dem Rahmen gefallen"
(verarmter Adel → Kloster → Ehe, aber zugleich
weiter Horizont als die adeligen Damen in
der Welt)
(→ gegen Zwang, Gewaltmißbrauch der Papstkirche)
alles für das Eine (die Rolle des Kaufmanns, der
Schatz im Acker)
aus der Bevormundung!
(Bildunterschrift: "Luthers Hochzeit" — als ob er sich
selbst geheiratet hätte — ihre Unterschlagung
durch männliche Fortführung bis heute)
Aufbruch (in Freiheit) neues Hören
Sachzwänge ↔ Freiheit, die gelingen will.